Cutting-edge Surface
Patterns & Palettes

960 seamless patterns in **vector** format for textiles, fashion, interior-finishing, wallpaper, tiles, ceramic, product, giftware, packaging, webpage and entire façades are **copyright free.**

Dopress Books

Cutting-edge Surface
Patterns & Palettes

With Nature & Flower, People & Life, Culture & Art, Festival & Greeting and Abstract & Geometry being the five chapters, this volume is a blend of colorful, high-spirited patterns inspired by modern illustrations.

The book shows a variety of cutting-edge patterns for surface design concentrating on line, shape and color palette. Each of the original patterns was reworked 6 times to get patterns with different tones or hues from light to dark, from cold to warm, from contrast to harmony, which allows the reader to compare effects through different color schemes, and to get the ideas that "colors convey tones", "how they look like depends on what's going on around them" and help you to select perfectly matched color combinations, and so on. Once you have made detailed researching, the book will give you confidence as well as skills with which to manipulate and transform colors and your designs.

The attached DVD contains 960 vector patterns for surface design as shown in the layout for any application you can think of, such as textiles, fashion, interior-finishing, wallpaper, tiles, ceramic, giftware, packaging, webpage, entire façades and any ornamental designs. Included in this DVD, all 960 of the vector patterns are the original work of illustrator in eps format. Each color was set on a separate layer so that the color changing and other modifications could be done easily.

This volume is essential for designers working in the graphic, fashion or lifestyle industry who wish to grasp full inspirations in a varied surface patterns. The book is definitely a fine choice.

CONTENTS >>

Nature & Flower

8	Japanese Style
14	Terse
20	Ocean
26	Season Flower
32	Foliage
38	Vine
44	Bloomy Flower
50	Pastorale
56	Insect

People & Life

64	Industrial Tech
70	Clock
76	Medicine
82	Kitchenware
88	Travel
94	Memory
100	Mask

Culture & Art

108	Art Deco
114	Music & Instruments
120	Outdoor
126	Brushwork
132	Exotic Lands
138	Years
144	Industrial Design

Festival & Greeting

152	Allhallowmas
158	Children's Day
164	Season Greeting
170	Newborn
176	Birthday
182	Christmas
188	Valentine's Day

Abstract & Geometry

196	Nature Fantasy
202	Ice Age
208	Nick
214	Grid-Like
220	Outline
226	Activity
232	Sound
238	Expression
244	Loveliness
250	Feeling

Nature & Flower >> Japanese Style >> Light

C 61 M 19 Y 55 K 01
C 21 M 00 Y 52 K 00
C 09 M 00 Y 32 K 00
C 00 M 00 Y 08 K 00
C 20 M 02 Y 11 K 00
C 46 M 07 Y 14 K 00
C 25 M 15 Y 02 K 00

« Soft « Japanese Style « Nature & Flower

08 C
30 M
48 Y
00 K

00 C
18 M
36 Y
00 K

00 C
07 M
61 Y
00 K

00 C
00 M
22 Y
00 K

07 C
08 M
11 Y
00 K

00 C
18 M
00 Y
00 K

Nature & Flower >> Japanese Style >> Brisk

C	67
M	59
Y	57
K	41

C	18
M	78
Y	57
K	02

C	02
M	43
Y	32
K	00

C	01
M	14
Y	11
K	00

C	02
M	11
Y	22
K	00

C	14
M	09
Y	16
K	00

C	41
M	14
Y	11
K	00

≪ Refreshing ≪ Japanese Style ≪ Nature & Flower

69 C
11 M
13 Y
00 K

45 C
15 M
13 Y
00 K

11 C
06 M
00 Y
00 K

00 C
14 M
17 Y
00 K

18 C
11 M
18 Y
00 K

25 C
23 M
48 Y
00 K

Nature & Flower >> Japanese Style >> Dark

C 79
M 72
Y 60
K 82

C 52
M 36
Y 76
K 33

C 49
M 34
Y 47
K 21

C 26
M 20
Y 42
K 19

C 10
M 21
Y 30
K 07

C 21
M 59
Y 22
K 00

C 29
M 52
Y 30
K 17

« Warm « Japanese Style « Nature & Flower

62 C
73 M
77 Y
30 K

22 C
75 M
82 Y
00 K

05 C
67 M
57 Y
00 K

00 C
20 M
28 Y
00 K

18 C
11 M
18 Y
00 K

41 C
17 M
16 Y
00 K

30 C
36 M
70 Y
00 K

Nature & Flower >> Terse >> Pale

C 29
M 35
Y 33
K 09

C 34
M 17
Y 23
K 03

C 25
M 05
Y 08
K 00

C 00
M 00
Y 00
K 09

C 03
M 02
Y 02
K 00

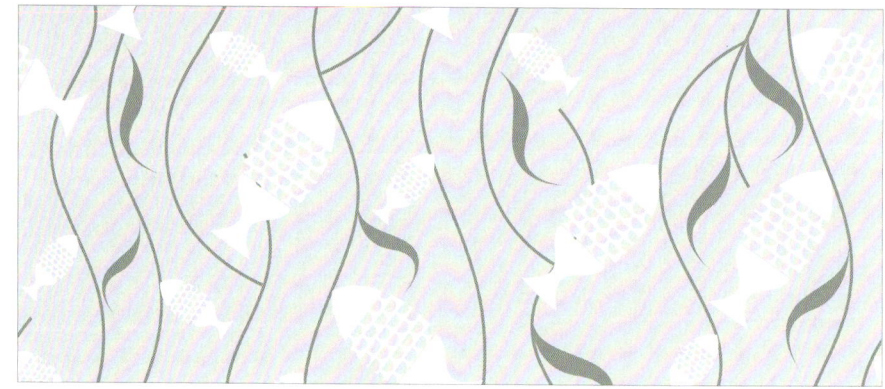

« Brisk « Terse « Nature & Flower

05	C
77	M
56	Y
01	K

00	C
17	M
43	Y
11	K

02	C
01	M
15	Y
07	K

02	C
01	M
08	Y
00	K

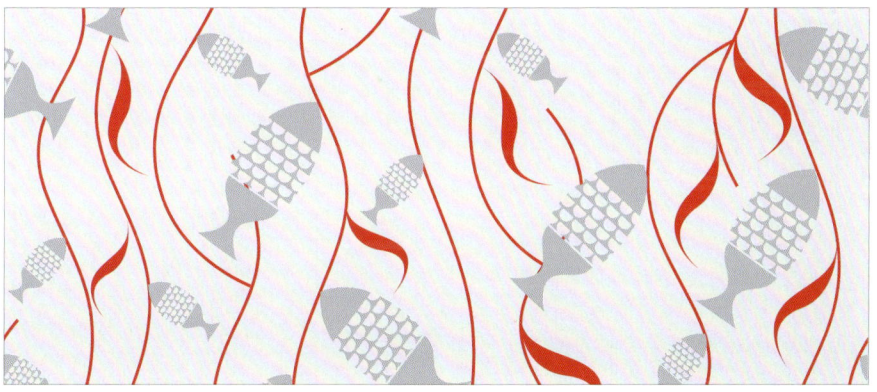

00	C
00	M
00	Y
07	K

23	C
12	M
09	Y
01	K

Nature & Flower >> Terse >> Joyous >>

C	11
M	77
Y	82
K	00

C	25
M	44
Y	36
K	10

C	13
M	18
Y	38
K	02

C	31
M	25
Y	47
K	09

C	34
M	14
Y	23
K	05

C	24
M	00
Y	07
K	00

« Elegancy « Terse « Nature & Flower

29 C
96 M
73 Y
26 K

05 C
51 M
00 Y
00 K

49 C
18 M
24 Y
00 K

23 C
16 M
45 Y
00 K

03 C
00 M
04 Y
06 K

Nature & Flower >> Terse >> Tranquil >> >>

C 68
M 68
Y 63
K 71

C 73
M 80
Y 58
K 24

C 63
M 50
Y 64
K 03

C 69
M 46
Y 44
K 00

C 43
M 13
Y 37
K 00

C 05
M 05
Y 13
K 12

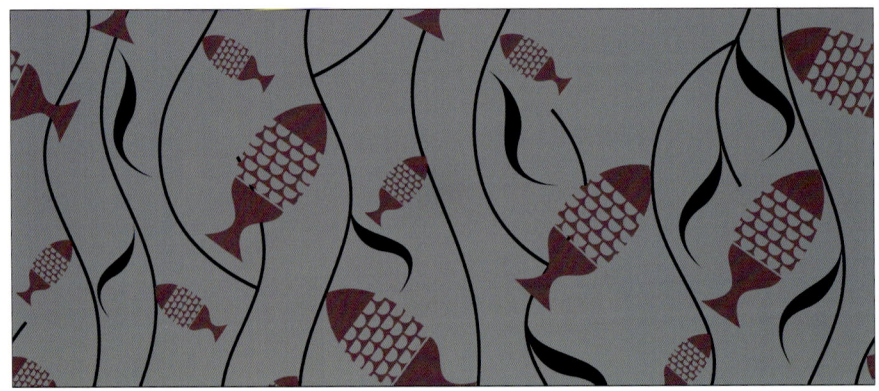

« Comely « Terse « Nature & Flower

00 C
00 M
00 Y
99 K

00 C
61 M
14 Y
07 K

14 C
12 M
33 Y
11 K

00 C
00 M
00 Y
40 K

Nature & Flower >> Ocean >> Cool >>

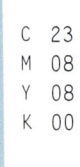

C 23
M 08
Y 08
K 00

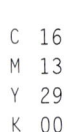

C 31
M 22
Y 36
K 00

C 16
M 13
Y 29
K 00

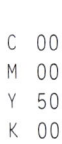

C 08
M 06
Y 18
K 00

C 00
M 00
Y 50
K 00

《 Melting 《 Ocean 《 Nature & Flower

20 C
54 M
50 Y
00 K

00 C
60 M
33 Y
00 K

04 C
22 M
06 Y
00 K

00 C
10 M
08 Y
00 K

24 C
07 M
13 Y
00 K

Nature & Flower >> Ocean >> Cold >>

C 80
M 68
Y 76
K 41

C 75
M 26
Y 17
K 05

C 45
M 11
Y 22
K 00

C 00
M 00
Y 00
K 20

C 03
M 07
Y 12
K 00

C 24
M 21
Y 35
K 00

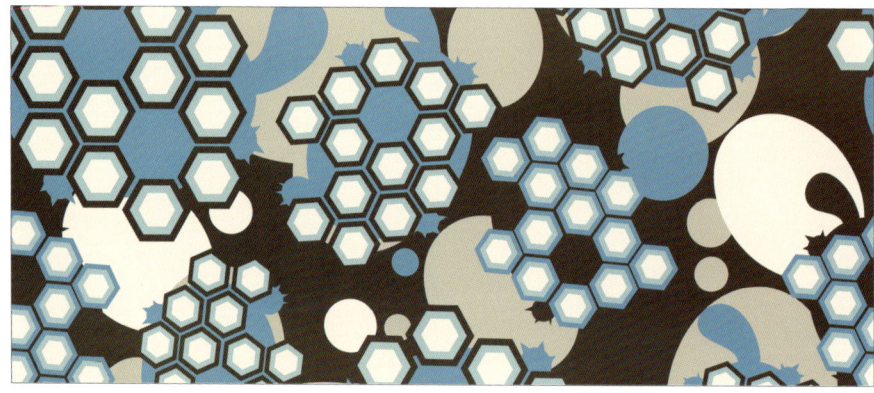

≪ Lively ≪ Ocean ≪ Nature & Flower

69	C	
27	M	
62	Y	
07	K	
29	C	
19	M	
32	Y	
05	K	
11	C	
00	M	
52	Y	
05	K	
04	C	
05	M	
21	Y	
00	K	
00	C	
28	M	
13	Y	
00	K	
04	C	
66	M	
44	Y	
00	K	

Nature & Flower >> Ocean >> Abyssal >>

C 92
M 63
Y 34
K 31

C 64
M 38
Y 26
K 15

C 24
M 19
Y 18
K 00

C 47
M 00
Y 16
K 00

C 05
M 37
Y 66
K 00

C 25
M 80
Y 80
K 00

C 34
M 42
Y 57
K 19

≪ Mysterious ≪ Ocean ≪ Nature & Flower

99 C
96 M
49 Y
17 K

34 C
75 M
47 Y
11 K

52 C
28 M
55 Y
04 K

09 C
22 M
33 Y
00 K

13 C
12 M
17 Y
00 K

Nature & Flower >> Season Flower >> Vernal >>

C 03
M 47
Y 36
K 00

C 16
M 24
Y 40
K 11

C 01
M 04
Y 13
K 06

C 00
M 08
Y 08
K 00

C 13
M 00
Y 02
K 00

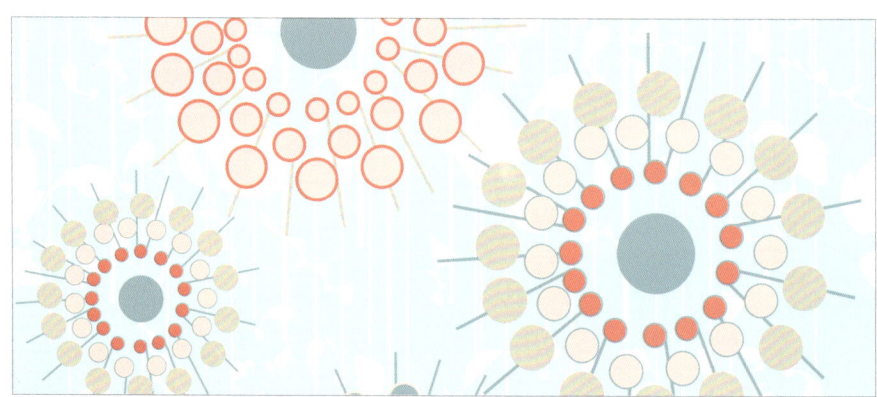

C 40
M 11
Y 16
K 00

« Agleam « Season Flower « Nature & Flower

38 C
00 M
22 Y
00 K

16 C
08 M
09 Y
00 K

17 C
00 M
00 Y
00 K

00 C
02 M
07 Y
00 K

00 C
00 M
59 Y
00 K

Nature & Flower >> Season Flower >> Mellow >>

C 04
M 65
Y 57
K 00

C 25
M 27
Y 47
K 00

C 05
M 07
Y 22
K 00

C 19
M 12
Y 13
K 04

C 25
M 09
Y 16
K 11

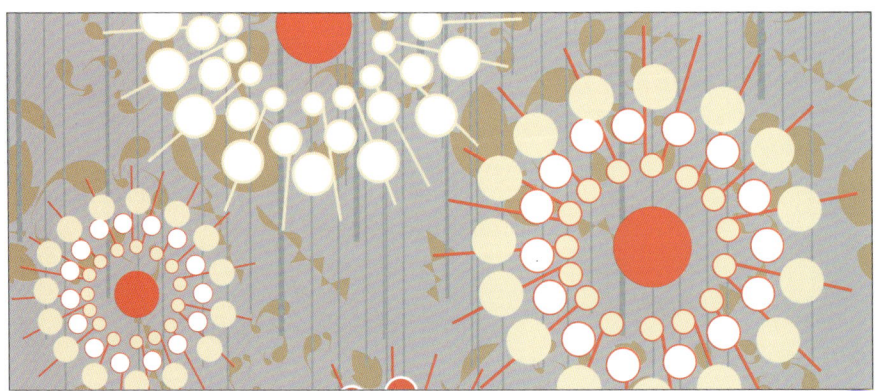

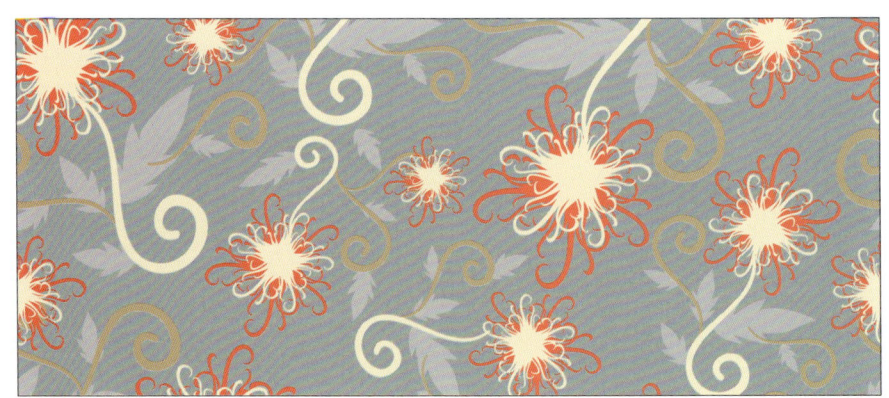

≪ Graceful ≪ Season Flower ≪ Nature & Flower

62 C 40 M 32 Y 03 K

30 C 27 M 20 Y 00 K

22 C 09 M 18 Y 00 K

16 C 08 M 27 Y 00 K

02 C 09 M 00 Y 00 K

11 C 41 M 00 Y 00 K

Nature & Flower >> Season Flower >> Blazing >>

C	67
M	46
Y	52
K	30

C	16
M	93
Y	59
K	00

C	09
M	50
Y	32
K	00

C	32
M	18
Y	53
K	00

C	47
M	05
Y	35
K	00

C	40
M	11
Y	16
K	00

≪ Sober ≪ Season Flower ≪ Nature & Flower

37	C
62	M
62	Y
19	K

25	C
34	M
55	Y
01	K

00	C
00	M
00	Y
30	K

62	C
06	M
29	Y
00	K

75	C
44	M
42	Y
12	K

Nature & Flower >> Foliage >> Flourishing >>

C	47
M	01
Y	21
K	00

C	16
M	02
Y	13
K	00

C	00
M	07
Y	35
K	00

C	00
M	00
Y	50
K	00

≪ Romantic ≪ Foliage ≪ Nature & Flower

23	C
52	M
00	Y
00	K

00	C
59	M
08	Y
00	K

00	C
24	M
02	Y
00	K

09	C
07	M
00	Y
00	K

05	C
00	M
11	Y
00	K

Nature & Flower >> Foliage >> Cool

C 75
M 55
Y 80
K 18

C 56
M 47
Y 80
K 02

C 25
M 21
Y 44
K 00

C 24
M 05
Y 00
K 06

« Fiery « Foliage « Nature & Flower

05 C
98 M
78 Y
00 K

00 C
48 M
99 Y
00 K

16 C
04 M
36 Y
00 K

13 C
03 M
09 Y
00 K

Nature & Flower >> Foliage >> Pristine >>

C 84
M 68
Y 55
K 15

C 38
M 56
Y 55
K 00

C 24
M 18
Y 36
K 00

« Vigorous « Foliage « Nature & Flower

00	C
00	M
00	Y
99	K

60	C
67	M
36	Y
00	K

50	C
24	M
61	Y
09	K

06	C
11	M
19	Y
00	K

Nature & Flower >> Vine >> Light >>

C 09
M 58
Y 22
K 00

C 00
M 13
Y 05
K 03

C 00
M 02
Y 06
K 00

C 00
M 00
Y 00
K 05

C 17
M 08
Y 03
K 00

« Tranquil « Vine « Nature & Flower

00 C
37 M
14 Y
00 K

00 C
16 M
38 Y
23 K

20 C
00 M
45 Y
00 K

00 C
02 M
10 Y
06 K

00 C
01 M
05 Y
01 K

Nature & Flower >> Vine >> Neutral

C 62
M 31
Y 14
K 03

C 21
M 53
Y 44
K 06

C 11
M 23
Y 44
K 06

C 23
M 18
Y 30
K 00

C 06
M 00
Y 05
K 13

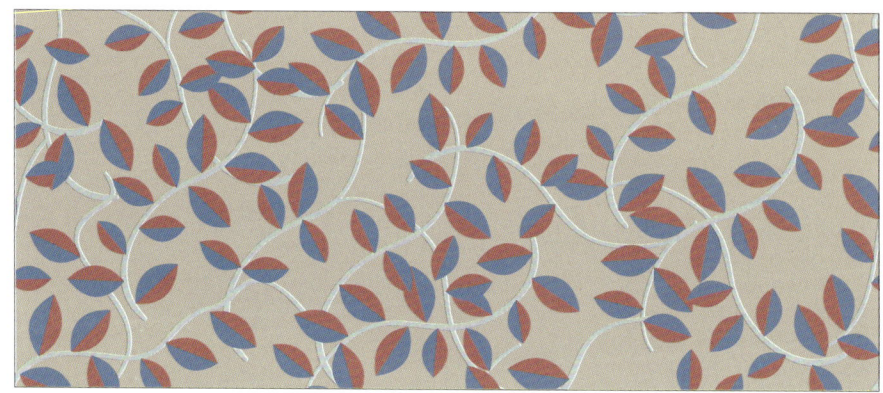

≪ Feminine ≪ Vine ≪ Nature & Flower

00	C
75	M
18	Y
00	K

02	C
39	M
17	Y
00	K

07	C
09	M
13	Y
00	K

00	C
00	M
00	Y
41	K

31	C
10	M
35	Y
11	K

Nature & Flower >> Vine >> Fervent >>

C 00
M 98
Y 71
K 28

C 00
M 34
Y 28
K 22

C 09
M 07
Y 17
K 13

C 65
M 39
Y 39
K 06

≪ Archaistic ≪ Vine ≪ Nature & Flower

00 C
00 M
00 Y
99 K

00 C
99 M
34 Y
00 K

00 C
42 M
22 Y
00 K

23 C
18 M
38 Y
00 K

51 C
24 M
29 Y
10 K

Nature & Flower >> Bloomy Flower >> Elegant >>

C	14
M	79
Y	58
K	01

C	16
M	29
Y	46
K	25

C	34
M	09
Y	28
K	00

C	14
M	20
Y	00
K	00

C	16
M	09
Y	00
K	00

C	03
M	06
Y	13
K	01

《 Brilliant 《 Bloomy Flower 《 Nature & Flower

30 C
00 M
01 Y
00 K

00 C
00 M
00 Y
26 K

00 C
15 M
00 Y
00 K

00 C
00 M
12 Y
00 K

00 C
00 M
60 Y
00 K

Nature & Flower >> Bloomy Flower >> Delicate

C 24
M 72
Y 31
K 00

C 00
M 38
Y 18
K 00

C 07
M 24
Y 31
K 00

C 05
M 11
Y 25
K 00

C 36
M 07
Y 25
K 00

C 60
M 07
Y 25
K 00

« Fiery « Bloomy Flower « Nature & Flower

00 C
85 M
91 Y
00 K

02 C
58 M
91 Y
00 K

07 C
24 M
31 Y
00 K

03 C
00 M
15 Y
00 K

04 C
11 M
57 Y
00 K

23 C
00 M
47 Y
00 K

Nature & Flower >> Bloomy Flower >> Gorgeous

C 69
M 64
Y 65
K 38

C 50
M 75
Y 00
K 00

C 38
M 43
Y 11
K 00

C 45
M 20
Y 18
K 00

C 64
M 15
Y 13
K 00

C 46
M 35
Y 62
K 00

≪ Full ≪ Bloomy Flower ≪ Nature & Flower

39 C
73 M
48 Y
65 K

25 C
83 M
86 Y
00 K

08 C
65 M
65 Y
00 K

00 C
63 M
25 Y
17 K

37 C
17 M
19 Y
21 K

43 C
10 M
16 Y
49 K

Nature & Flower >> Pastorale >> Pastel >>

C 17
M 24
Y 46
K 00

C 00
M 28
Y 42
K 00

C 00
M 11
Y 14
K 00

C 03
M 02
Y 08
K 00

C 17
M 04
Y 31
K 00

C 45
M 09
Y 23
K 00

« Lively « Pastorale « Nature & Flower

64 C
05 M
42 Y
00 K

21 C
00 M
18 Y
00 K

02 C
06 M
16 Y
00 K

10 C
15 M
57 Y
00 K

20 C
67 M
65 Y
00 K

Nature & Flower >> Pastorale >> Calm >>

C 77 M 50 Y 35 K 00

C 42 M 41 Y 35 K 00

C 21 M 40 Y 25 K 00

C 27 M 25 Y 43 K 00

C 22 M 17 Y 27 K 00

C 00 M 00 Y 00 K 20

≪ Ardent ≪ Pastorale ≪ Nature & Flower

17	C
78	M
78	Y
00	K

11	C
44	M
74	Y
00	K

10	C
19	M
49	Y
00	K

11	C
06	M
65	Y
00	K

24	C
07	M
19	Y
00	K

18	C
00	M
14	Y
00	K

Nature & Flower >> Pastorale >> Mysterious >>

C 63
M 83
Y 82
K 50

C 26
M 49
Y 48
K 00

C 53
M 42
Y 57
K 00

C 38
M 36
Y 43
K 00

C 22
M 19
Y 18
K 00

« Fruitful « Pastorale « Nature & Flower

81	C
58	M
45	Y
24	K

00	C
74	M
49	Y
00	K

06	C
62	M
99	Y
03	K

29	C
51	M
63	Y
00	K

06	C
31	M
50	Y
03	K

14	C
13	M
32	Y
00	K

Nature & Flower >> Insect >> Connotative

≪ Bright ≪ Insect ≪ Nature & Flower

64 C
00 M
28 Y
00 K

09 C
20 M
78 Y
00 K

09 C
23 M
40 Y
00 K

00 C
25 M
25 Y
00 K

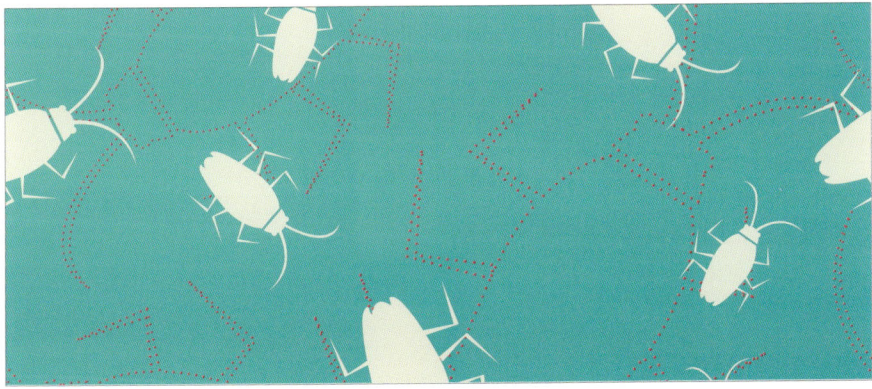

08 C
04 M
15 Y
00 K

Nature & Flower >> Insect >> Depressive

Fairy « Insect « Nature & Flower

81 C
77 M
27 Y
11 K

37 C
16 M
52 Y
00 K

00 C
50 M
50 Y
00 K

00 C
29 M
14 Y
00 K

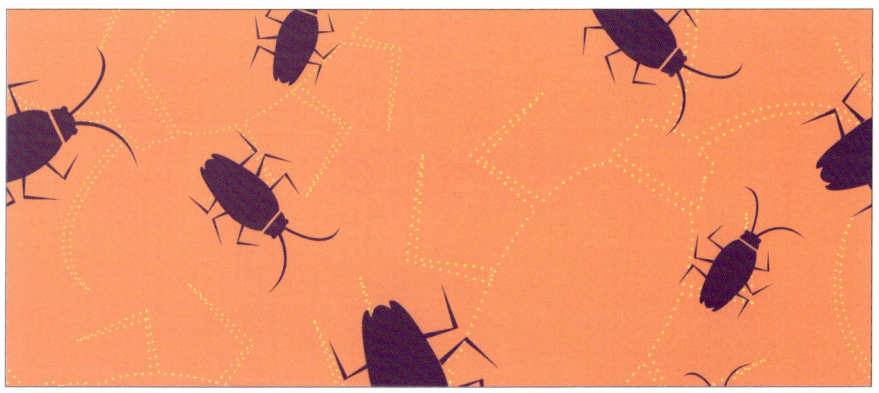

10 C
00 M
83 Y
00 K

Nature & Flower >> Insect >> Firm

C 78
M 75
Y 74
K 49

C 83
M 55
Y 59
K 08

C 49
M 19
Y 29
K 00

C 24
M 18
Y 17
K 00

C 46
M 38
Y 85
K 00

C 66
M 55
Y 46
K 00

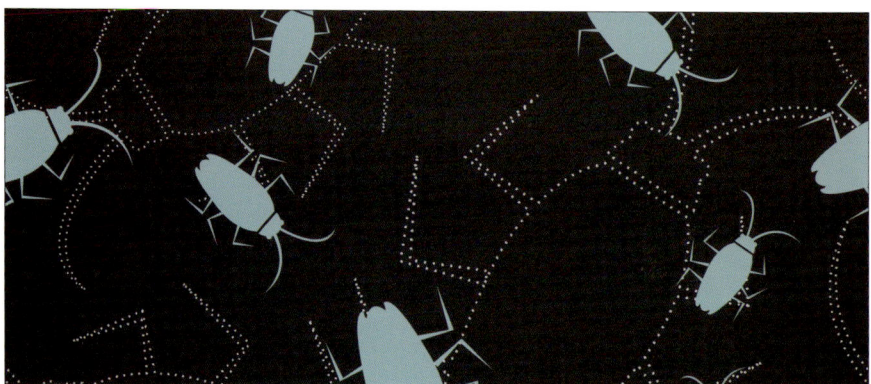

« Humorous « Insect « Nature & Flower

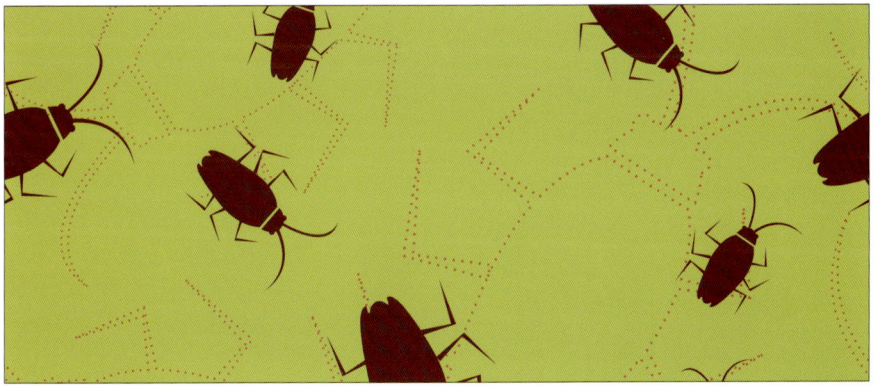

54 C
99 M
99 Y
43 K

25 C
72 M
86 Y
00 K

07 C
37 M
78 Y
00 K

29 C
15 M
95 Y
00 K

59 C
00 M
66 Y
00 K

People & Life

People & Life >> Industrial Tech >> Peaceful >>

C 00
M 00
Y 00
K 51

C 25
M 00
Y 00
K 27

C 00
M 09
Y 00
K 32

C 00
M 07
Y 12
K 23

C 00
M 00
Y 00
K 10

C 05
M 03
Y 10
K 00

C 26
M 18
Y 41
K 00

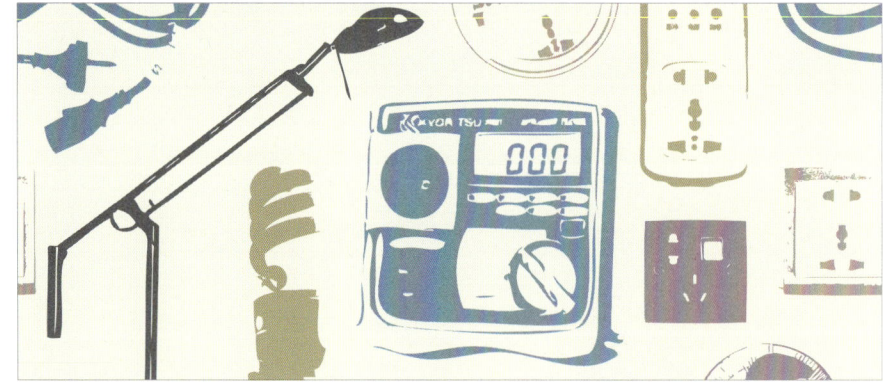

« Leaping « Industrial Tech « People & Life

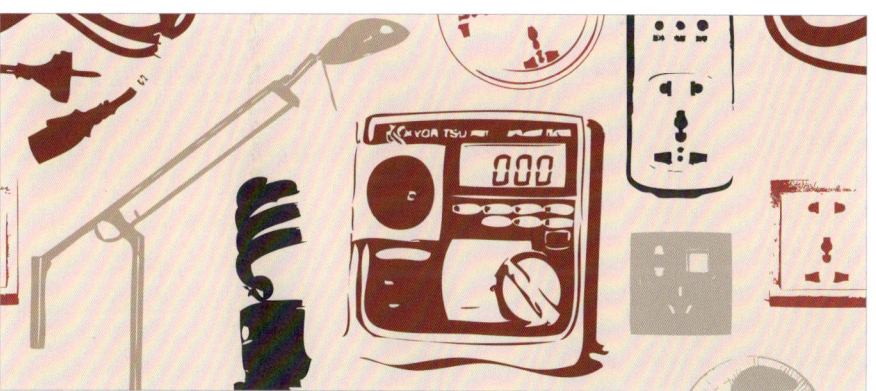

00	C
00	M
00	Y
76	K

46	C
73	M
63	Y
13	K

08	C
68	M
47	Y
20	K

24	C
30	M
36	Y
04	K

30	C
25	M
29	Y
00	K

05	C
05	M
09	Y
00	K

00	C
08	M
09	Y
05	K

People & Life >> Industrial Tech >> Nostalgic >>

C 06
M 17
Y 44
K 63

C 08
M 00
Y 08
K 62

C 15
M 09
Y 36
K 45

C 07
M 26
Y 58
K 21

C 05
M 05
Y 25
K 09

C 15
M 05
Y 10
K 03

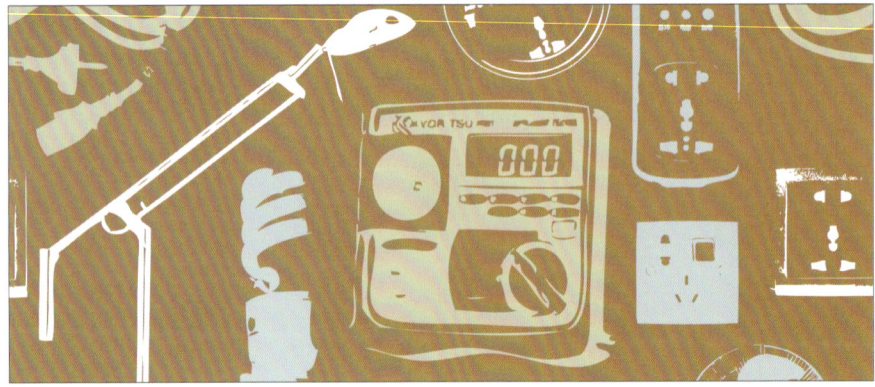

« Modern « Industrial Tech « People & Life

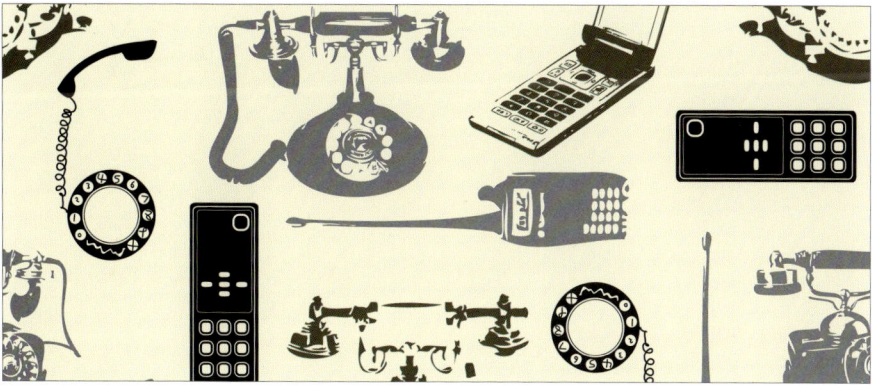

00 C	00 M	00 Y	99 K
52 C	37 M	64 Y	57 K
00 C	00 M	00 Y	56 K
05 C	04 M	18 Y	01 K
09 C	06 M	15 Y	03 K
10 C	11 M	13 Y	00 K

People & Life >> Industrial Tech >> Unsearchable

C 26
M 20
Y 13
K 76

C 69
M 54
Y 35
K 23

C 76
M 28
Y 17
K 13

C 50
M 25
Y 28
K 00

C 48
M 16
Y 09
K 00

C 00
M 00
Y 00
K 31

C 24
M 30
Y 36
K 04

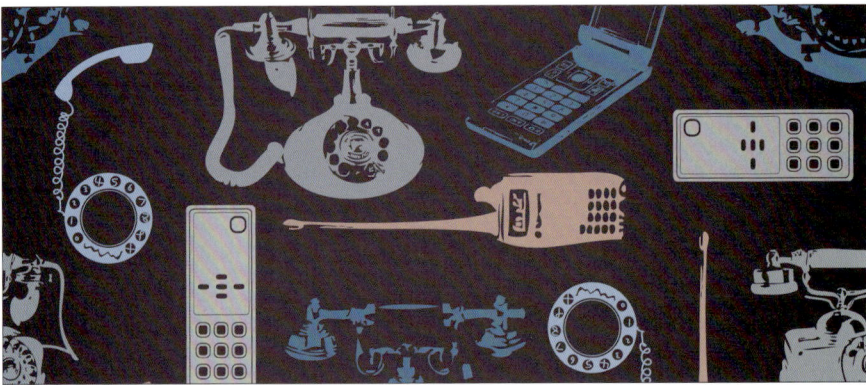

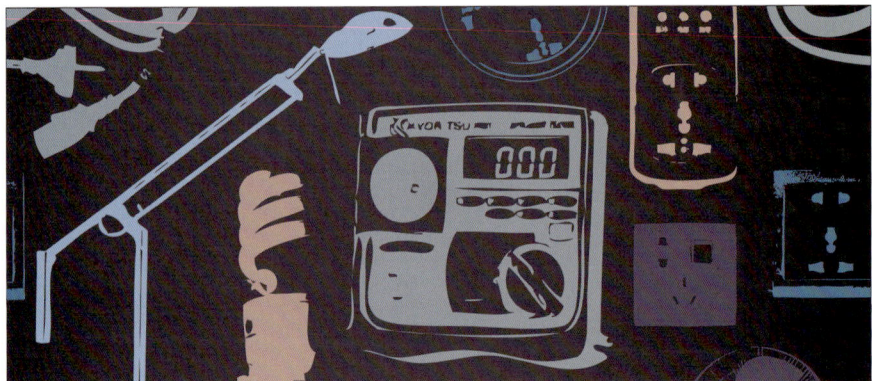

« Avant-garde « Induatrial Tech « People & Life

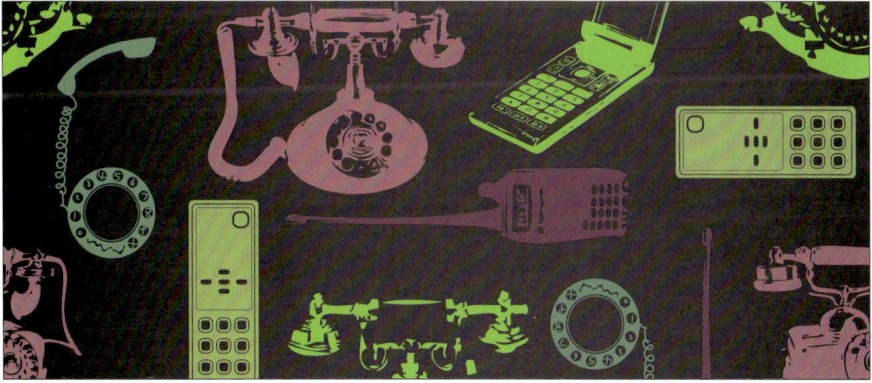

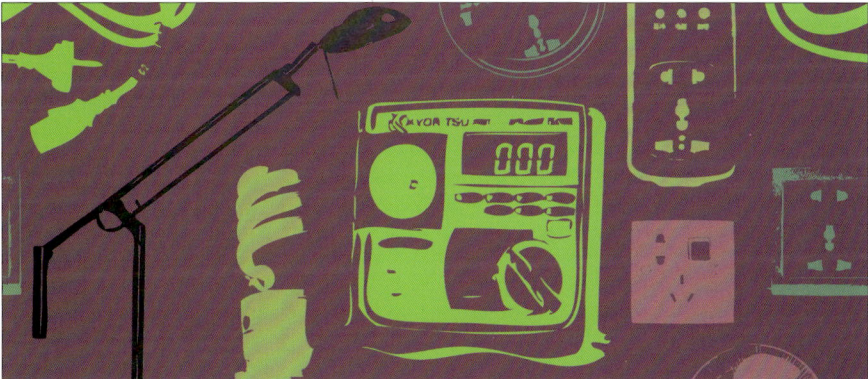

00 C
00 M
00 Y
91 K

53 C
63 M
44 Y
18 K

18 C
57 M
37 Y
29 K

13 C
42 M
27 Y
21 K

25 C
00 M
69 Y
20 K

52 C
00 M
99 Y
00 K

66 C
22 M
63 Y
00 K

People &Life >> Clock >> Far >>

« Close « Clock « People & Life

16	C
48	M
61	Y
02	K

02	C
33	M
51	Y
00	K

00	C
11	M
54	Y
00	K

18	C
07	M
27	Y
00	K

10	C
23	M
33	Y
00	K

People & Life >> Clock >> Past >>

C 14
M 69
Y 89
K 00

C 08
M 23
Y 63
K 00

C 20
M 15
Y 38
K 00

C 10
M 10
Y 25
K 00

C 24
M 07
Y 08
K 04

C 56
M 08
Y 38
K 00

« Future « Clock « People & Life

90 C
90 M
00 Y
00 K

55 C
00 M
22 Y
00 K

52 C
15 M
49 Y
00 K

32 C
48 M
76 Y
20 K

04 C
66 M
24 Y
00 K

People & Life >> Clock >> Fashionable

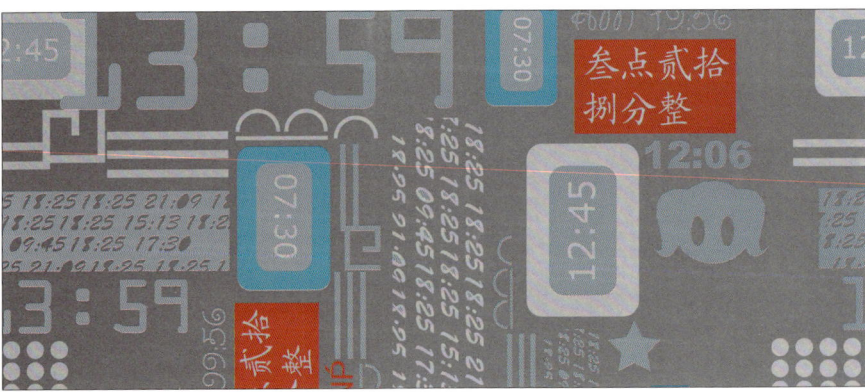

« Environment Friendly « Clock « People & Life

37	C
98	M
11	Y
00	K

02	C
47	M
90	Y
00	K

09	C
18	M
68	Y
00	K

33	C
06	M
93	Y
00	K

77	C
28	M
53	Y
06	K

People & Life >> Medicine >> Powered >>

C 33
M 62
Y 46
K 00

C 18
M 27
Y 26
K 00

C 09
M 07
Y 07
K 00

C 21
M 16
Y 25
K 00

C 36
M 33
Y 50
K 00

C 43
M 24
Y 27
K 00

« Liquid « Medicine « People & Life

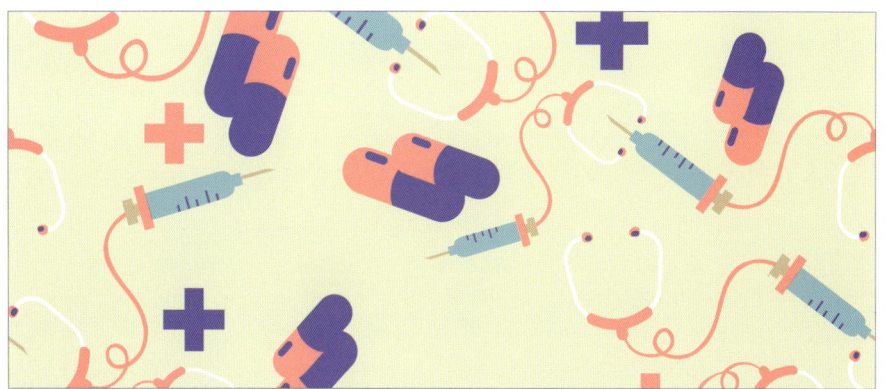

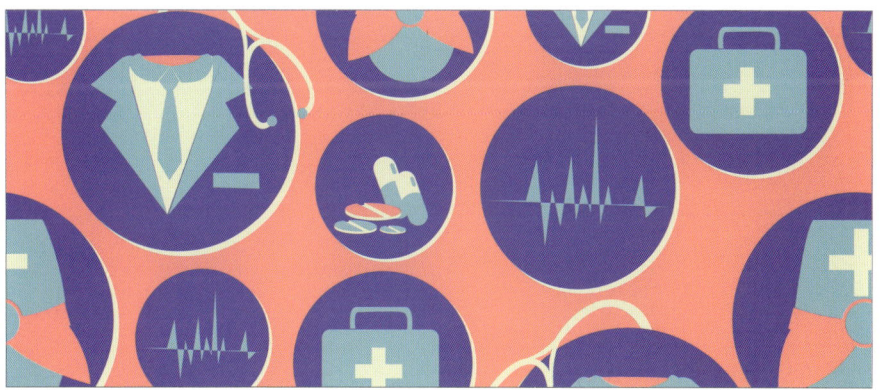

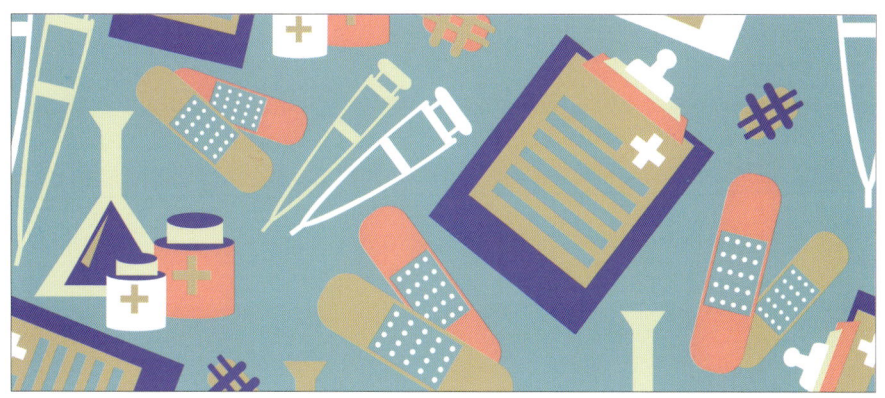

69 C
63 M
00 Y
00 K

52 C
11 M
17 Y
00 K

09 C
04 M
24 Y
00 K

19 C
22 M
40 Y
00 K

01 C
50 M
29 Y
00 K

People & Life >> Medicine >> Precise

C	65
M	61
Y	78
K	18

C	45
M	37
Y	58
K	00

C	35
M	17
Y	22
K	00

C	18
M	24
Y	35
K	00

C	18
M	47
Y	47
K	00

C	29
M	47
Y	70
K	00

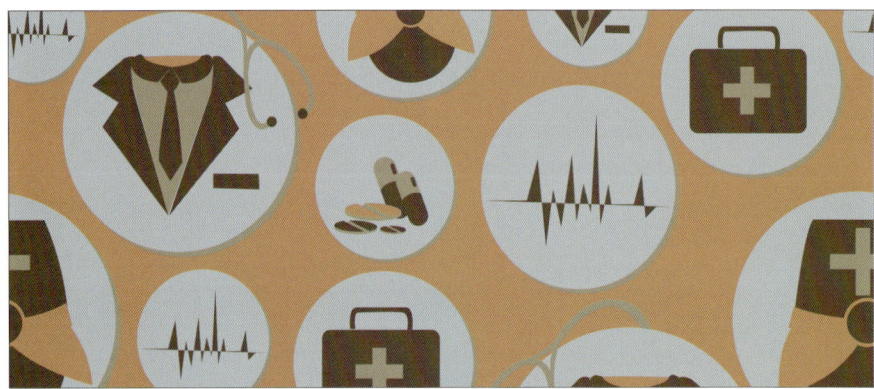

« Robust « Medicine « People & Life

86 C	76 C	45 C	43 C	09 C	11 C
50 M	11 M	00 M	00 M	52 M	07 M
39 Y	47 Y	51 Y	91 Y	90 Y	33 Y
00 K	00 K	00 K	00 K	00 K	07 K

People & Life >> Medicine >> Conservative

C 82
M 63
Y 65
K 22

C 39
M 75
Y 74
K 02

C 21
M 41
Y 37
K 00

C 38
M 24
Y 34
K 00

C 36
M 26
Y 58
K 00

C 13
M 09
Y 30
K 00

≪ Innovative ≪ Medicine ≪ People & Life

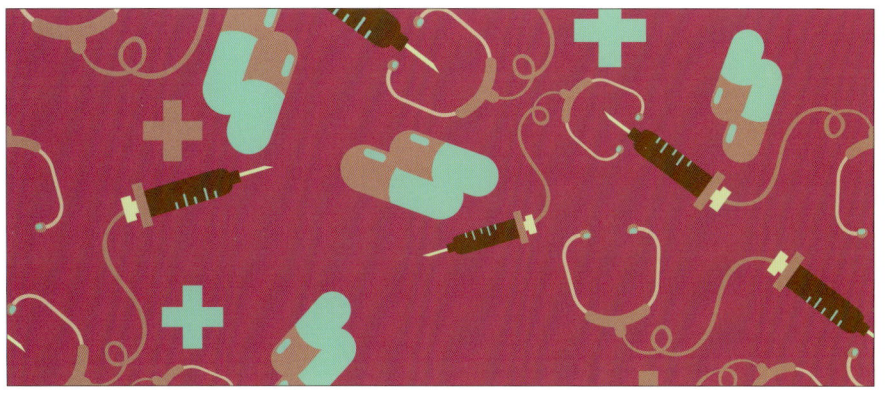

65 C
65 M
99 Y
31 K

32 C
86 M
36 Y
05 K

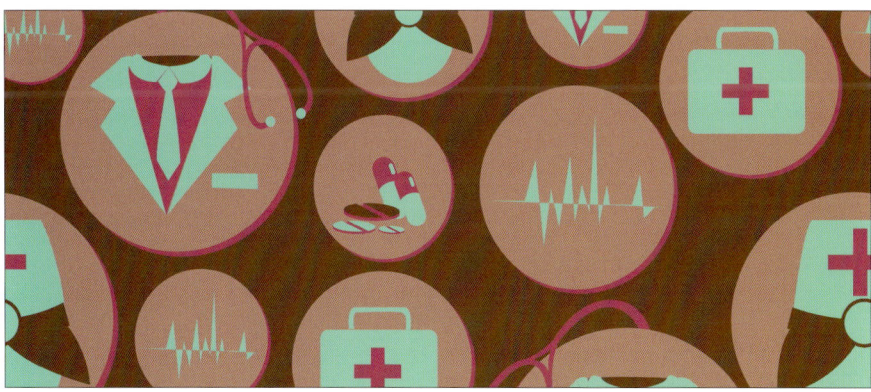

39 C
52 M
59 Y
00 K

24 C
22 M
47 Y
00 K

23 C
02 M
53 Y
00 K

64 C
00 M
44 Y
00 K

People & Life >> Kitchenware >> Cozy >>

C 07
M 62
Y 00
K 00

C 27
M 31
Y 34
K 00

C 15
M 25
Y 39
K 00

C 17
M 11
Y 17
K 00

C 26
M 13
Y 16
K 00

C 07
M 06
Y 06
K 00

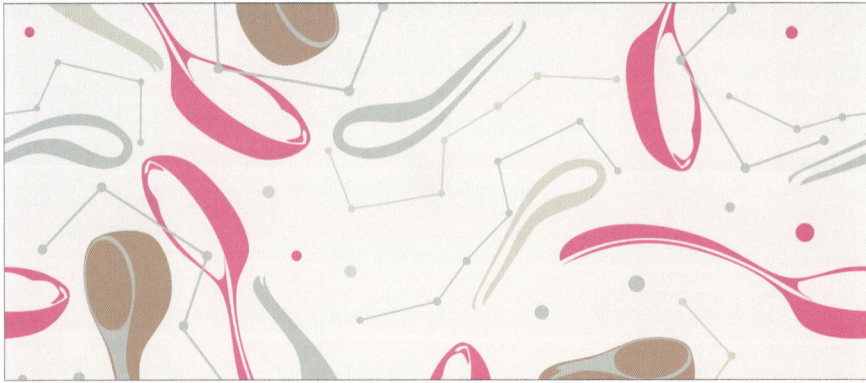

« Joyous « Kitchenware « People & Life

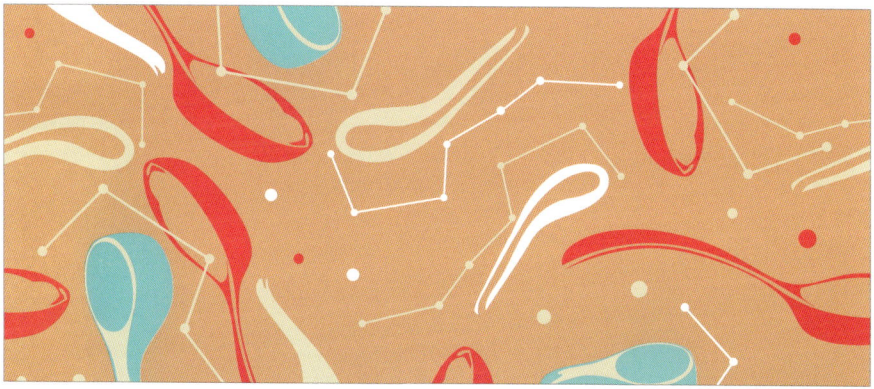

03	C
78	M
40	Y
00	K

09	C
31	M
48	Y
00	K

03	C
16	M
15	Y
00	K

09	C
06	M
26	Y
00	K

53	C
00	M
21	Y
00	K

People & Life >> Kitchenware >> Exquisite >>

C 47
M 88
Y 68
K 09

C 51
M 18
Y 30
K 00

C 48
M 31
Y 44
K 00

C 29
M 13
Y 29
K 00

C 22
M 24
Y 31
K 00

C 06
M 06
Y 06
K 00

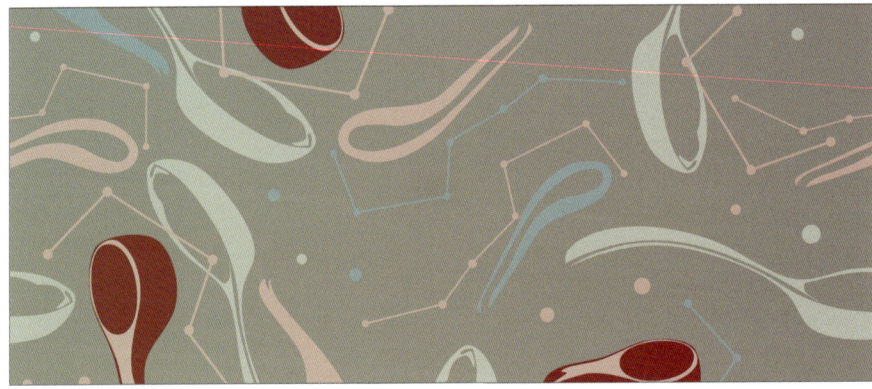

« Archaistic « Kitchenware « People & Life

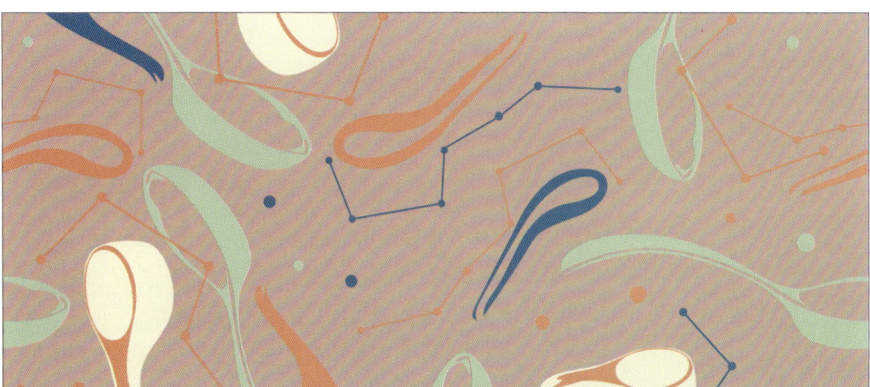

People & Life >> Kitchenware >> Delicious

C 68
M 99
Y 60
K 35

C 58
M 53
Y 66
K 03

C 00
M 39
Y 80
K 00

C 23
M 26
Y 47
K 00

C 12
M 12
Y 10
K 00

C 33
M 42
Y 15
K 00

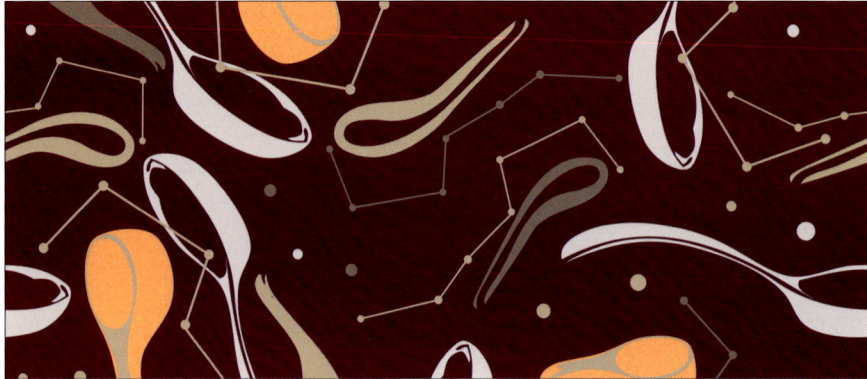

≪ Showy ≪ Kitchenware ≪ People & Life

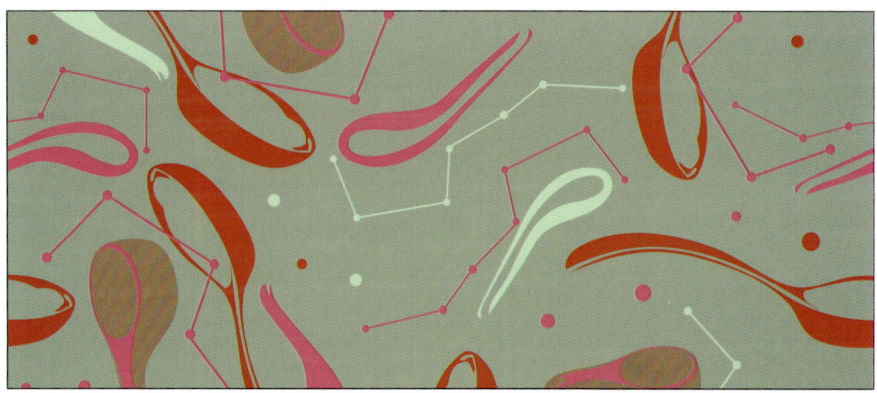

29 C
99 M
99 Y
00 K

15 C
89 M
31 Y
00 K

34 C
45 M
65 Y
08 K

47 C
24 M
46 Y
01 K

29 C
00 M
36 Y
00 K

04 C
02 M
14 Y
00 K

People & Life >> Travel >> Suburban

Beachfront « Travel « People & Life

69	C
47	M
00	Y
00	K

72	C
06	M
31	Y
00	K

44	C
00	M
52	Y
00	K

00	C
00	M
75	Y
00	K

00	C
56	M
31	Y
00	K

00	C
03	M
05	Y
00	K

People & Life >> Travel >> Elder >>

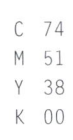
C 74
M 51
Y 38
K 00

C 61
M 67
Y 31
K 00

C 33
M 70
Y 30
K 00

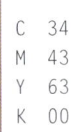
C 34
M 43
Y 63
K 00

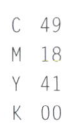
C 49
M 18
Y 41
K 00

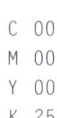
C 00
M 00
Y 00
K 25

« Younger « Travel « People & Life

00 C
00 M
00 Y
99 K

00 C
56 M
20 Y
04 K

16 C
32 M
64 Y
00 K

11 C
07 M
48 Y
00 K

42 C
15 M
38 Y
00 K

50 C
28 M
63 Y
04 K

People & Life >> Travel >> Remote

C 66
M 91
Y 97
K 63

C 85
M 60
Y 54
K 08

C 66
M 20
Y 47
K 00

C 47
M 34
Y 99
K 00

C 25
M 30
Y 39
K 00

C 38
M 70
Y 50
K 00

« Adjacent « Travel « People & Life

27 C
95 M
99 Y
29 K

05 C
35 M
63 Y
00 K

12 C
07 M
76 Y
00 K

34 C
18 M
44 Y
00 K

59 C
18 M
45 Y
00 K

67 C
52 M
37 Y
11 K

People & Life >> Memory >> Sweet

C 47
M 00
Y 08
K 00

C 28
M 08
Y 10
K 00

C 00
M 00
Y 00
K 10

C 00
M 18
Y 19
K 00

C 05
M 35
Y 65
K 00

≪ Blurred ≪ Memory ≪ People & Life

51	C
00	M
60	Y
00	K

16	C
04	M
27	Y
00	K

13	C
00	M
12	Y
00	K

11	C
18	M
31	Y
02	K

05	C
52	M
04	Y
00	K

People & Life >> Memory >> Merry

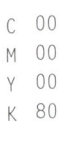
C 00
M 00
Y 00
K 80

C 14
M 75
Y 74
K 00

C 68
M 32
Y 08
K 00

C 28
M 10
Y 30
K 00

C 16
M 00
Y 13
K 00

« Melancholy « Memory « People & Life

53 C
96 M
99 Y
41 K

22 C
50 M
36 Y
00 K

29 C
73 M
04 Y
00 K

13 C
41 M
00 Y
00 K

11 C
20 M
23 Y
00 K

39 C
26 M
42 Y
01 K

People & Life >> Memory >> Distant >>

C 57
M 77
Y 64
K 10

C 68
M 50
Y 47
K 18

C 48
M 55
Y 78
K 50

C 34
M 33
Y 74
K 00

C 26
M 11
Y 28
K 00

« Impressive « Memory « People & Life

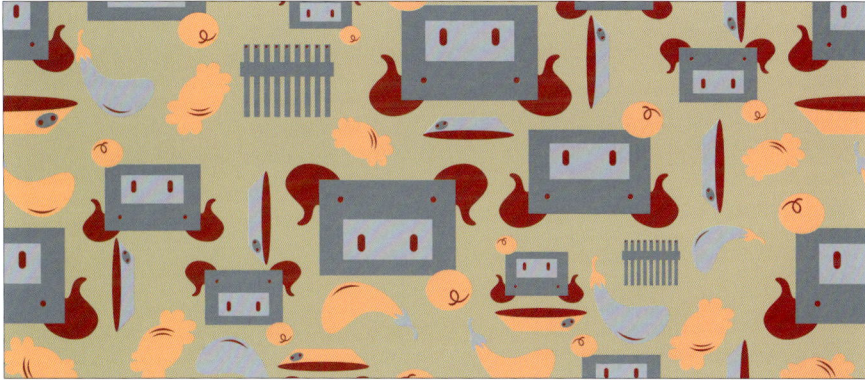

45 C	23 C	12 C	27 C	00 C
99 M	00 M	00 M	27 M	46 M
99 Y	00 Y	00 Y	52 Y	64 Y
14 K	58 K	30 K	00 K	00 K

People & Life >> Mask >> Cool

C 49
M 27
Y 65
K 00

C 15
M 11
Y 42
K 00

C 07
M 00
Y 18
K 00

C 20
M 00
Y 25
K 00

C 26
M 16
Y 16
K 00

« Friendly « Mask « People & Life

00 C
50 M
50 Y
00 K

00 C
21 M
24 Y
00 K

09 C
05 M
15 Y
00 K

11 C
08 M
02 Y
00 K

48 C
10 M
17 Y
00 K

People & Life >> Mask >> Connotative

C	16
M	75
Y	62
K	02

C	05
M	35
Y	38
K	00

C	03
M	05
Y	17
K	00

C	23
M	20
Y	28
K	00

C	43
M	32
Y	23
K	00

« Clear « Mask « People & Life

57 C
96 M
93 Y
50 K

73 C
10 M
35 Y
00 K

00 C
00 M
00 Y
40 K

08 C
11 M
14 Y
00 K

07 C
53 M
00 Y
00 K

People & Life >> Mask >> Strange

C 73
M 66
Y 78
K 33

C 59
M 34
Y 22
K 20

C 36
M 25
Y 23
K 00

C 05
M 95
Y 34
K 00

C 37
M 02
Y 12
K 00

« Familiar « Mask « People & Life

73 C
66 M
78 Y
33 K

24 C
43 M
64 Y
18 K

30 C
02 M
93 Y
00 K

16 C
00 M
64 Y
00 K

17 C
17 M
36 Y
00 K

25 C
03 M
21 Y
00 K

Culture & Art

Culture & Art >> Art Deco >> Shining >>

C 39
M 35
Y 68
K 00

C 25
M 23
Y 44
K 00

C 23
M 07
Y 46
K 00

C 00
M 00
Y 95
K 00

≪ Homey ≪ Art Deco ≪ Culture & Art

52 C
69 M
60 Y
05 K

53 C
10 M
27 Y
00 K

24 C
06 M
55 Y
00 K

06 C
25 M
18 Y
00 K

Culture & Art >> Art Deco >> Distinctive

C	00
M	00
Y	00
K	99

C	47
M	66
Y	99
K	46

C	00
M	00
Y	00
K	20

C	00
M	17
Y	11
K	06

C	00
M	07
Y	00
K	00

C	29
M	00
Y	00
K	00

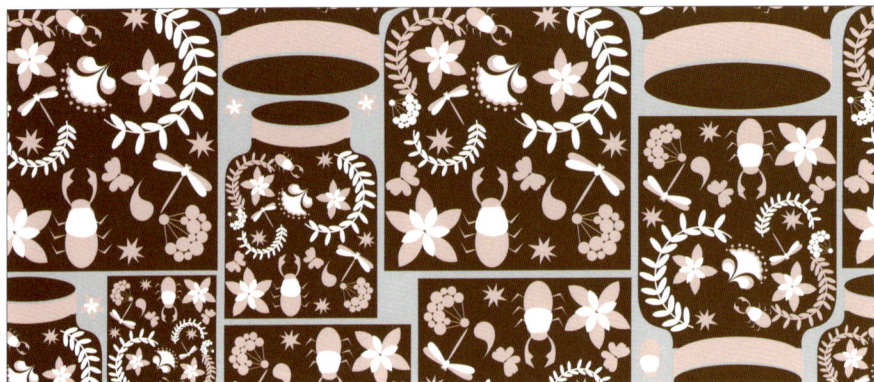

≪ Striking ≪ Art Deco ≪ Culture & Art

96	C
78	M
39	Y
03	K

21	C
05	M
12	Y
00	K

13	C
36	M
39	Y
00	K

09	C
97	M
47	Y
00	K

Culture & Art >> Art Deco >> Clement

C 53
M 99
Y 99
K 38

C 24
M 82
Y 86
K 00

C 04
M 22
Y 75
K 00

C 51
M 42
Y 71
K 00

≪ Statedly ≪ Art Deco ≪ Culture & Art

00	C
00	M
00	Y
99	K

80	C
39	M
50	Y
00	K

31	C
42	M
91	Y
00	K

21	C
32	M
47	Y
00	K

40	C
00	M
34	Y
00	K

Culture & Art » Music & Instruments » Popular »

C 00 M 00 Y 00 K 67
C 11 M 29 Y 43 K 00
C 13 M 16 Y 18 K 00
C 13 M 01 Y 30 K 00
C 00 M 00 Y 75 K 00

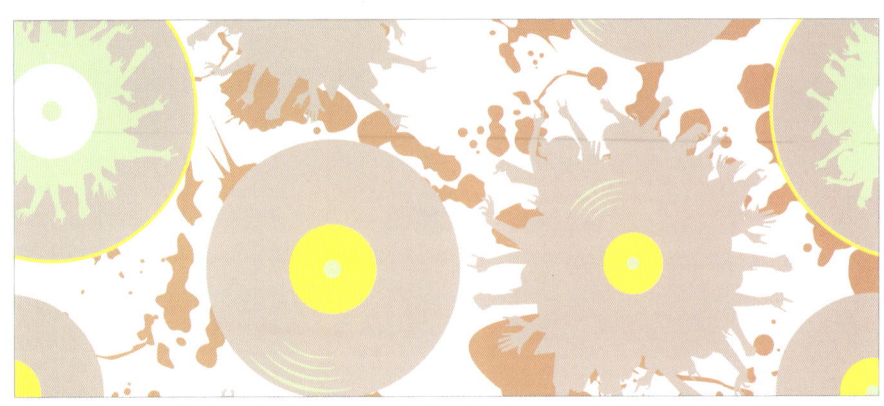

« New Age « Music & Instruments « Culture & Art

29 C
11 M
42 Y
21 K

00 C
49 M
05 Y
00 K

10 C
06 M
32 Y
00 K

14 C
00 M
00 Y
00 K

Culture & Art >> Music & Instruments >> Jazz

C 40
M 86
Y 48
K 00

C 39
M 42
Y 28
K 00

C 32
M 24
Y 27
K 00

C 50
M 21
Y 17
K 00

C 58
M 26
Y 59
K 00

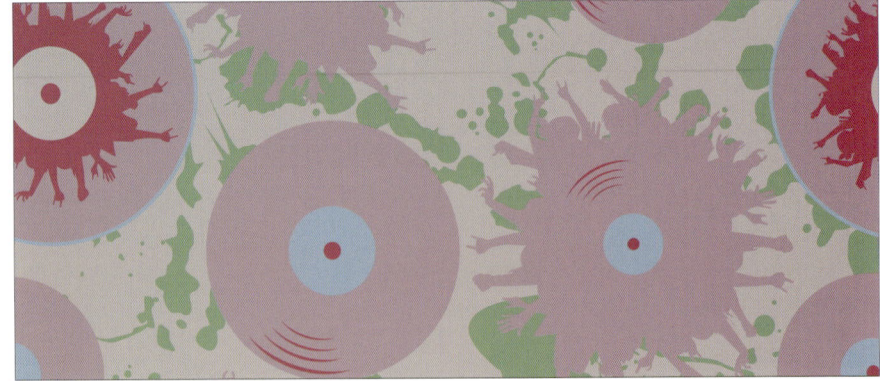

« Rock « Music & Instruments « Culture & Art

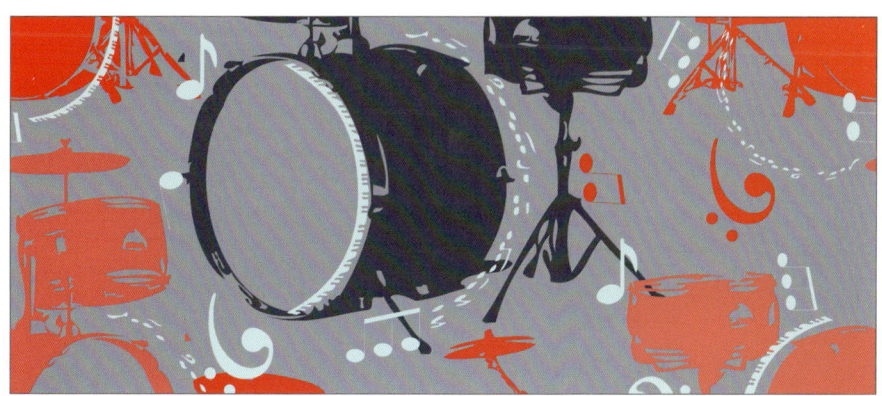

04 C
98 M
90 Y
00 K

07 C
72 M
58 Y
00 K

18 C
01 M
07 Y
00 K

25 C
15 M
13 Y
16 K

24 C
05 M
00 Y
71 K

Culture & Art >> Music & Instruments >> Mental

C 74
M 84
Y 94
K 68

C 75
M 58
Y 40
K 00

C 55
M 60
Y 47
K 00

C 00
M 00
Y 00
K 15

C 04
M 57
Y 69
K 00

« Blue « Music & Instruments « Culture & Art

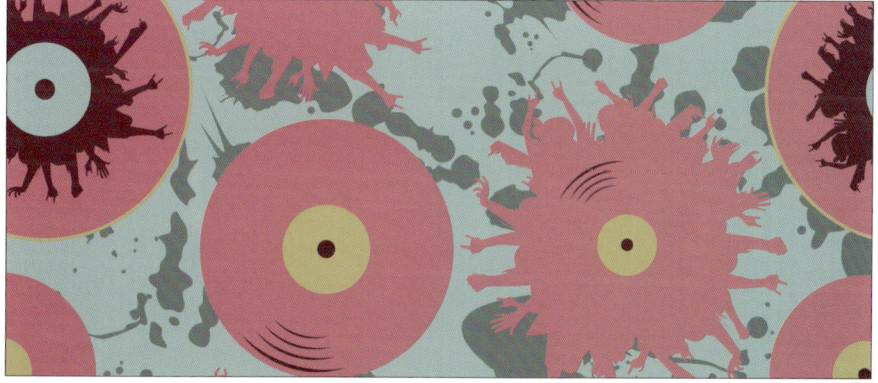

55 C
76 M
56 Y
50 K

67 C
42 M
49 Y
14 K

50 C
16 M
31 Y
00 K

33 C
29 M
65 Y
02 K

25 C
70 M
40 Y
02 K

Culture & Art >> Outdoor >> Ethereal

C 15
M 37
Y 09
K 00

C 34
M 12
Y 09
K 00

C 15
M 16
Y 05
K 00

C 06
M 10
Y 11
K 00

C 00
M 00
Y 00
K 05

« Supermundane « Outdoor « Culture & Art

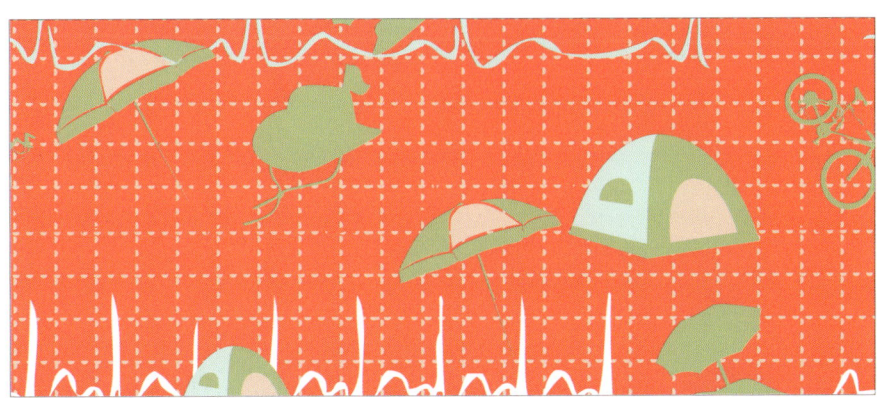

00	C
57	M
47	Y
00	K

24	C
07	M
47	Y
00	K

14	C
00	M
10	Y
00	K

04	C
11	M
17	Y
00	K

Culture & Art >> Outdoor >> Dreamy >>

C 37
M 83
Y 64
K 00

C 05
M 40
Y 25
K 00

C 14
M 19
Y 84
K 00

C 31
M 16
Y 33
K 00

C 56
M 17
Y 34
K 00

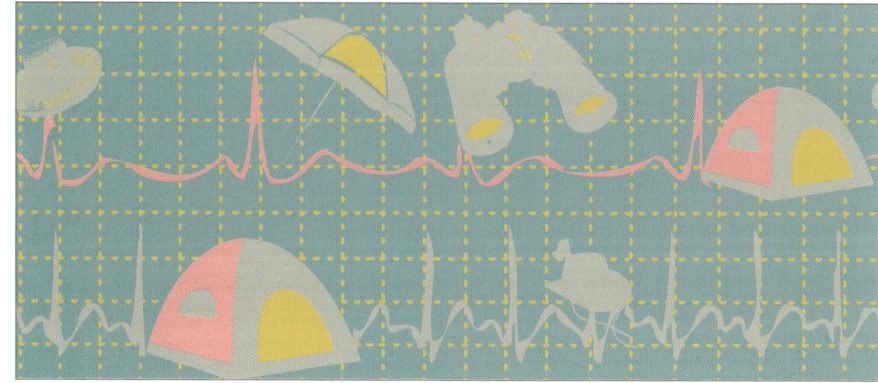

« Fantastic « Outdoor « Culture & Art

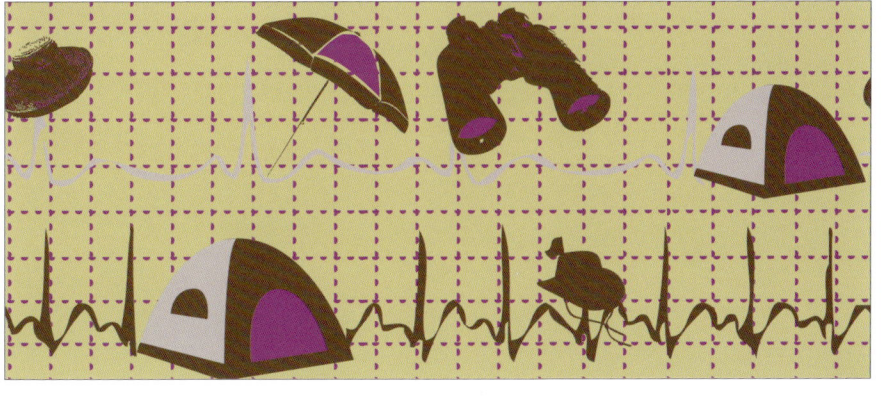

51 C
54 M
68 Y
30 K

44 C
85 M
00 Y
00 K

40 C
32 M
33 Y
00 K

23 C
18 M
18 Y
00 K

19 C
14 M
53 Y
00 K

Culture & Art >> Outdoor >> Archaeological >>

C 66
M 64
Y 87
K 27

C 56
M 38
Y 66
K 00

C 29
M 47
Y 80
K 00

C 01
M 53
Y 62
K 00

C 01
M 17
Y 29
K 00

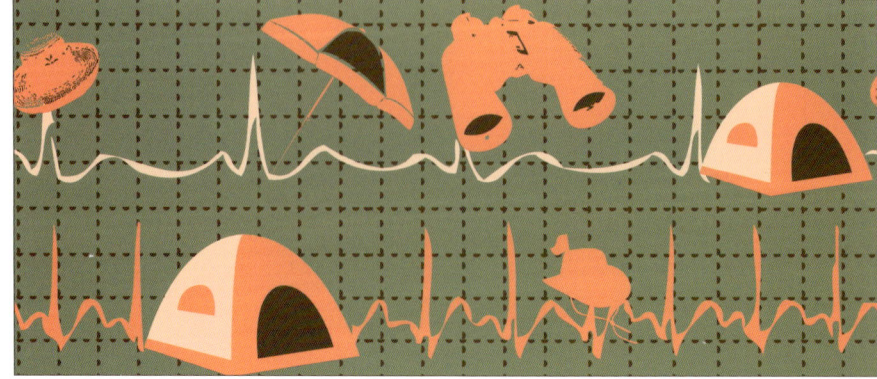

« Science Fictional « Outdoor « Culture & Art

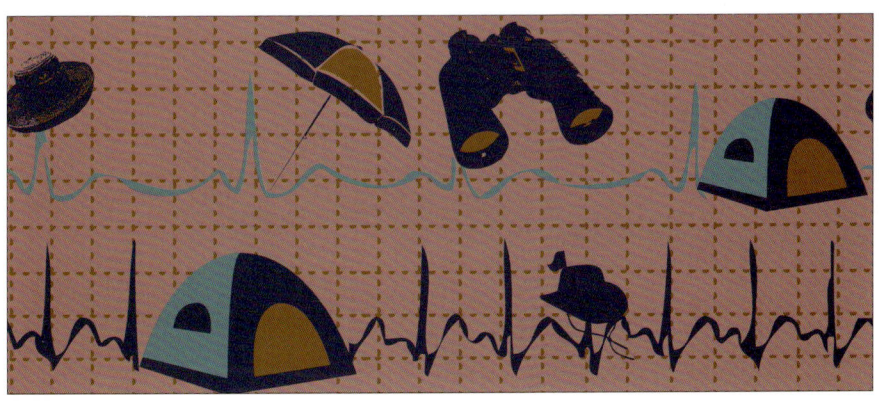

92 C	66 C	32 C	37 C	25 C	60 C
77 M	28 M	13 M	25 M	48 M	69 M
51 Y	42 Y	39 Y	42 Y	45 Y	99 Y
29 K	15 K	00 K	10 K	14 K	04 K

Culture & Art >> Brushwork >> Random >>

C 00
M 00
Y 00
K 78

C 36
M 16
Y 36
K 00

C 00
M 00
Y 00
K 10

C 22
M 05
Y 07
K 11

C 41
M 30
Y 20
K 00

≪ Thinking ≪ Brushwork ≪ Culture & Art

53 C	53 C	35 C	14 C	12 C
33 M	29 M	16 M	11 M	02 M
00 Y	00 Y	05 Y	11 Y	06 Y
26 K	00 K	00 K	00 K	00 K

Culture & Art >> Brushwork >> Conservative

C 51
M 25
Y 09
K 30

C 23
M 14
Y 10
K 05

C 09
M 05
Y 05
K 00

C 14
M 10
Y 36
K 03

C 23
M 27
Y 49
K 04

« Ebullient « Brushwork « Culture & Art

Culture & Art >> Brushwork >> Modest

C 74
M 62
Y 64
K 62

C 60
M 51
Y 60
K 27

C 43
M 31
Y 40
K 01

C 37
M 24
Y 56
K 00

C 51
M 04
Y 59
K 00

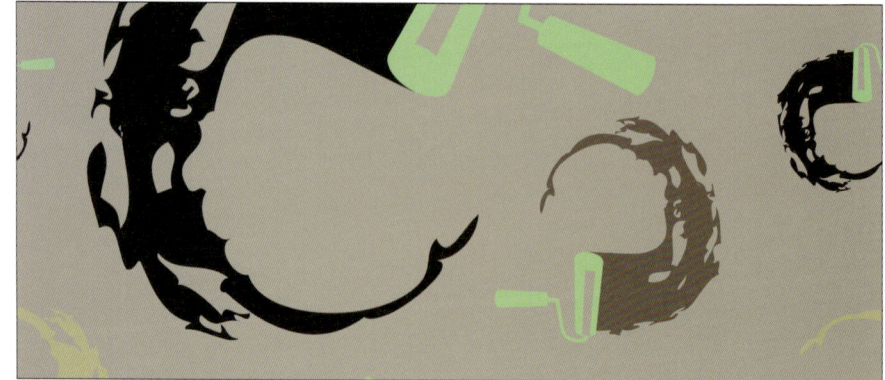

≪ Confident ≪ Brushwork ≪ Culture & Art

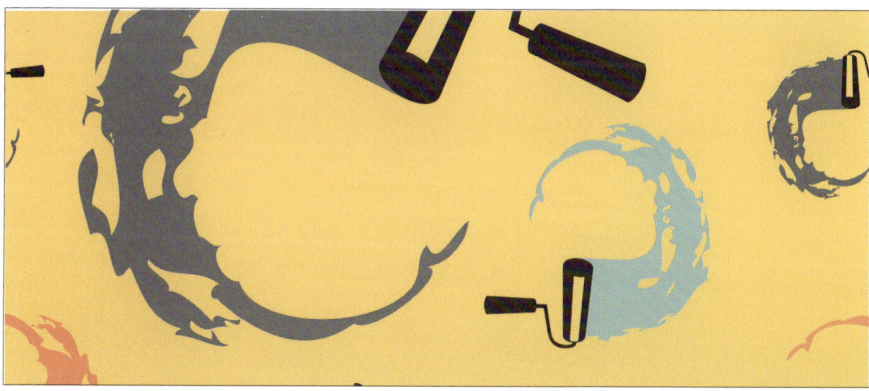

13 C
11 M
00 Y
86 K

00 C
00 M
00 Y
64 K

06 C
53 M
56 Y
00 K

04 C
20 M
65 Y
00 K

40 C
09 M
25 Y
03 K

00 C
00 M
00 Y
25 K

Culture & Art >> Exotic Lands >> Ancient

C 44
M 27
Y 14
K 09

C 20
M 29
Y 36
K 00

C 15
M 31
Y 49
K 08

C 14
M 12
Y 37
K 08

C 11
M 08
Y 18
K 00

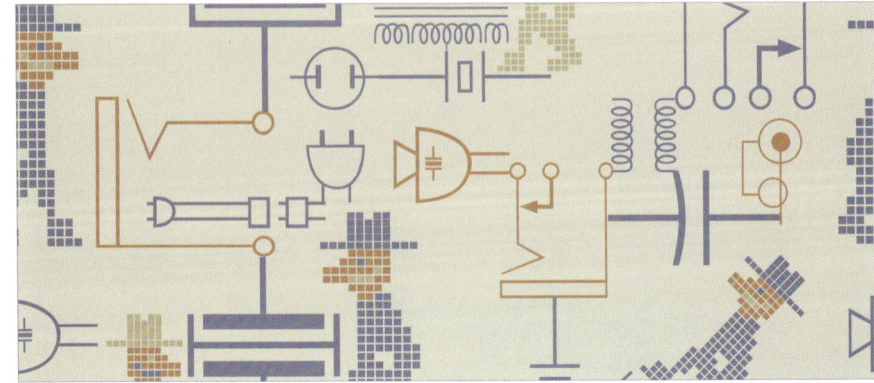

«« Contemporary «« Exotic Lands «« Culture & Art

02 C
58 M
59 Y
00 K

00 C
50 M
26 Y
00 K

13 C
19 M
30 Y
00 K

03 C
09 M
11 Y
00 K

02 C
02 M
02 Y
00 K

33 C
09 M
09 Y
00 K

Culture & Art >> Exotic Lands >> Ethnic >>

C 33
M 80
Y 68
K 00

C 34
M 55
Y 40
K 00

C 52
M 31
Y 43
K 01

C 62
M 35
Y 66
K 00

C 36
M 33
Y 65
K 06

C 17
M 18
Y 33
K 00

« Syncretic « Exotic Lands « Culture & Art

28 C
36 M
58 Y
19 K

45 C
69 M
44 Y
00 K

38 C
49 M
23 Y
00 K

16 C
14 M
16 Y
00 K

05 C
07 M
14 Y
00 K

40 C
14 M
41 Y
00 K

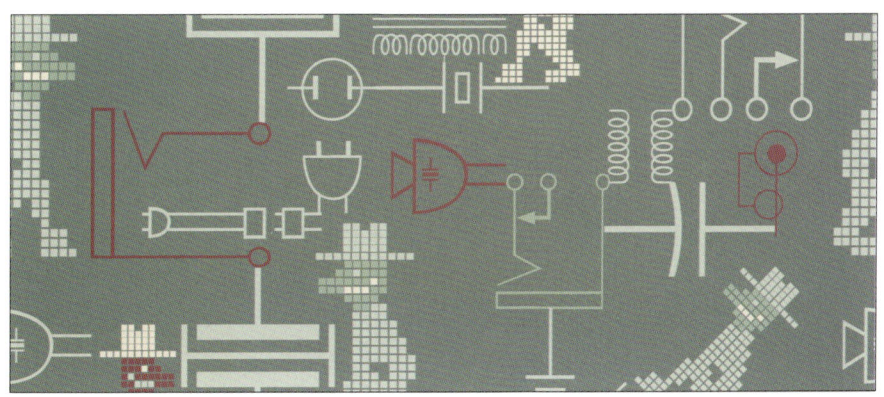

Culture & Art >> Exotic Lands >> Off-Stage >>

C 65
M 42
Y 62
K 42

C 60
M 41
Y 44
K 21

C 62
M 36
Y 36
K 03

C 45
M 37
Y 51
K 05

C 31
M 24
Y 42
K 00

C 34
M 54
Y 50
K 07

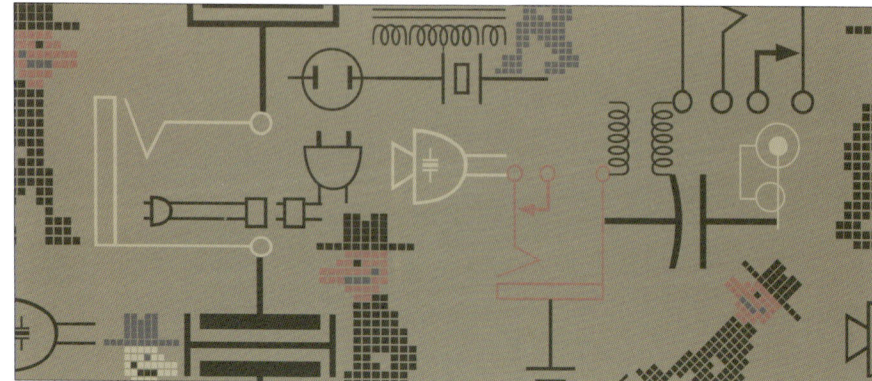

« Entertainment « Exotic Lands « Culture & Art

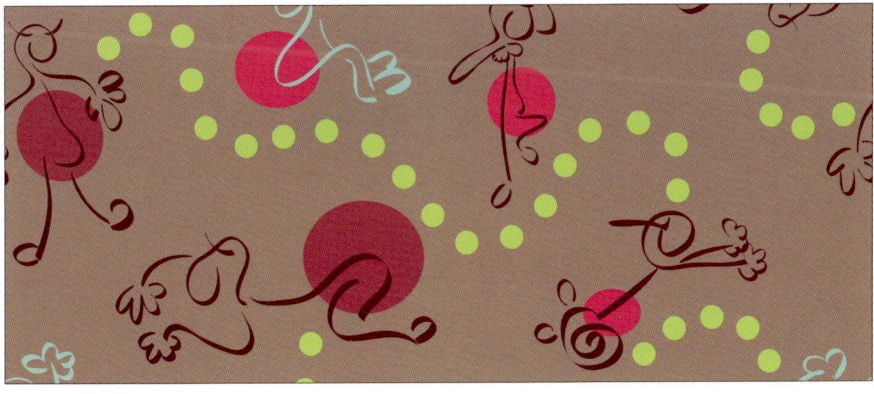

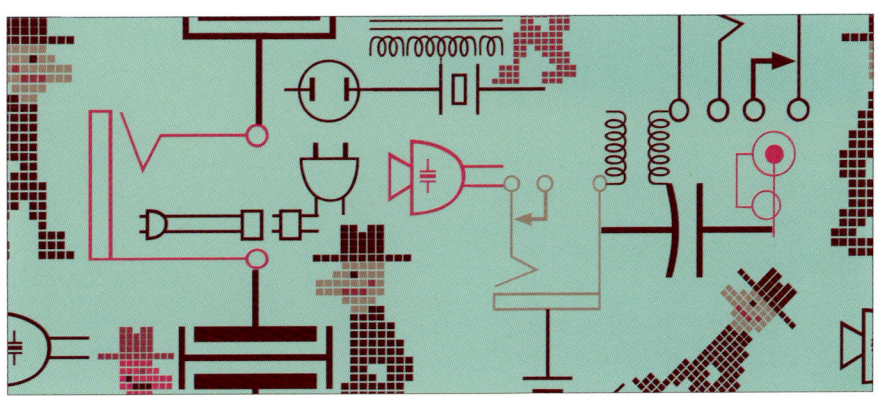

09 C
85 M
34 Y
69 K

09 C
85 M
34 Y
25 K

00 C
99 M
12 Y
10 K

32 C
45 M
47 Y
08 K

33 C
03 M
85 Y
00 K

47 C
03 M
28 Y
00 K

Culture & Art >> Years >> Mature

C	24
M	00
Y	19
K	54

C	42
M	31
Y	14
K	23

C	33
M	17
Y	10
K	17

C	14
M	06
Y	12
K	08

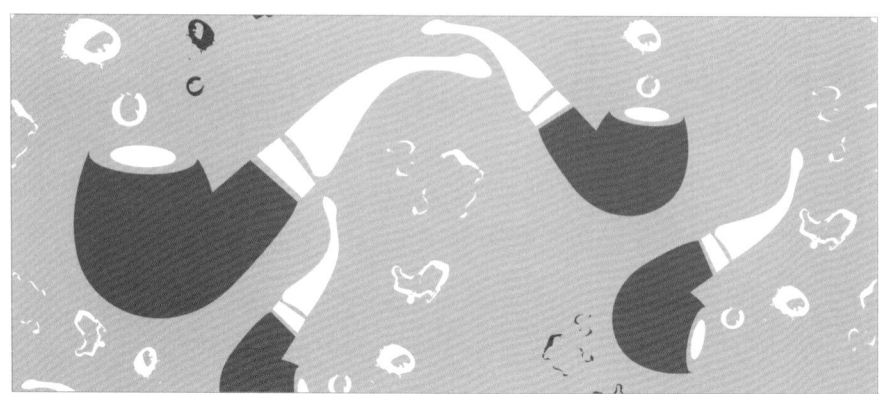

C	00
M	00
Y	00
K	08

« Younger « Years « Culture & Art

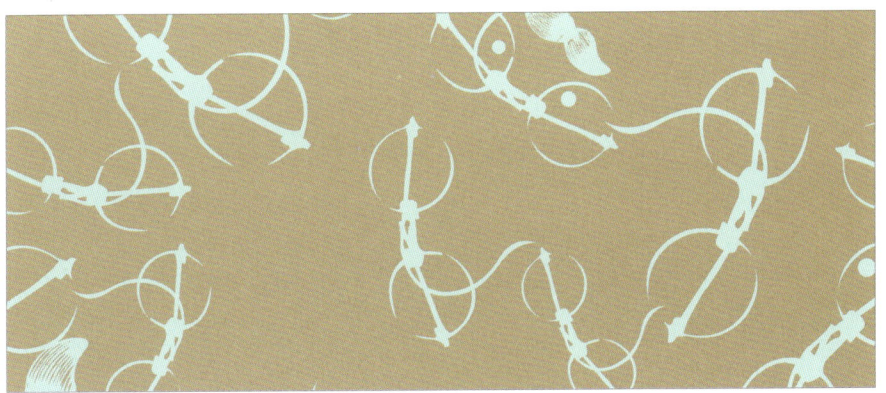

27 C
23 M
23 Y
00 K

10 C
12 M
38 Y
10 K

08 C
06 M
24 Y
00 K

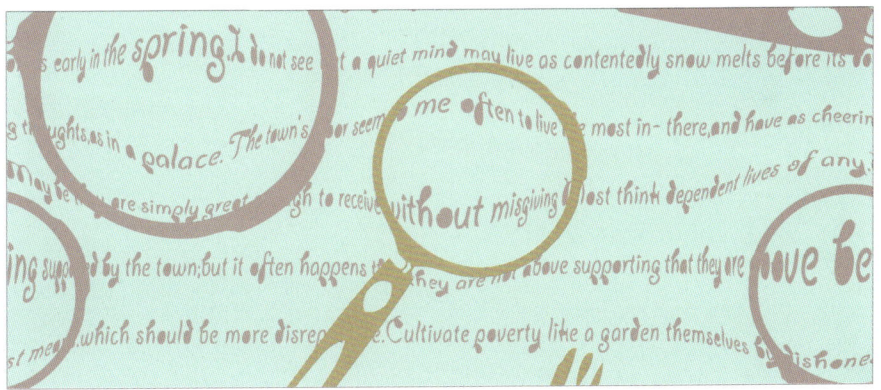

20 C
00 M
10 Y
00 K

Culture & Art >> Years >> Gracious

C 66
M 55
Y 72
K 09

C 55
M 30
Y 44
K 00

C 26
M 15
Y 27
K 00

C 15
M 25
Y 30
K 00

« Vigorous « Years « Culture & Art

77	C
55	M
33	Y
04	K

57	C
29	M
00	Y
10	K

26	C
07	M
16	Y
00	K

15	C
11	M
38	Y
00	K

35	C
24	M
44	Y
08	K

Culture & Art >> Years >> Cultured

C 08
M 00
Y 00
K 98

C 19
M 86
Y 77
K 23

C 64
M 72
Y 71
K 27

C 55
M 34
Y 31
K 01

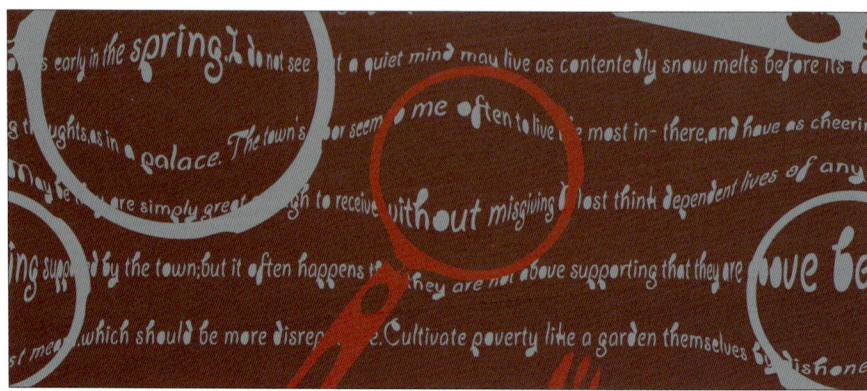

<< Refined << Years << Culture & Art

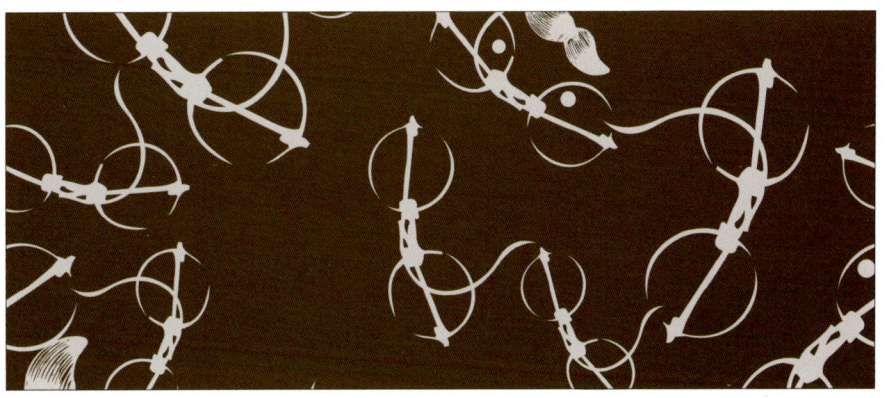

55 C
58 M
90 Y
52 K

33 C
50 M
61 Y
18 K

66 C
36 M
27 Y
01 K

17 C
13 M
13 Y
00 K

Culture & Art >> Industrial Design >> Japanese Style >>

C 59
M 46
Y 31
K 14

C 53
M 34
Y 31
K 00

C 29
M 20
Y 33
K 00

C 13
M 07
Y 18
K 00

C 00
M 10
Y 10
K 06

≪ Chinese Style ≪ Industrial Design ≪ Culture & Art

92 C	82 C	30 C	02 C	00 C	09 C
91 M	43 M	02 M	04 M	04 M	07 M
80 Y	71 Y	47 Y	10 Y	54 Y	49 Y
74 K	03 K	00 K	00 K	00 K	00 K

Culture & Art >> Industrial Design >> Native American Style

C	56
M	86
Y	73
K	30

C	48
M	65
Y	44
K	00

C	50
M	27
Y	23
K	00

C	56
M	25
Y	82
K	00

C	25
M	25
Y	42
K	00

C	15
M	11
Y	09
K	00

≪ Egyptian Style ≪ Industrial Design ≪ Culture & Art

69 C	
80 M	
87 Y	
56 K	

19 C	
48 M	
67 Y	
02 K	

01 C	
18 M	
99 Y	
00 K	

16 C	
10 M	
41 Y	
00 K	

39 C	
22 M	
23 Y	
00 K	

67 C	
26 M	
15 Y	
00 K	

Culture & Art >> Industrial Design >> Hindu Style >>

C 84
M 79
Y 69
K 49

C 60
M 54
Y 72
K 06

C 58
M 64
Y 47
K 01

C 07
M 18
Y 00
K 00

C 71
M 24
Y 38
K 00

« African Style « Industrial Design « Culture & Art

Festival & Greeting

Festival & Greeting >> Allhallowmas >> Unexpectable >>

C 00
M 17
Y 00
K 25

C 05
M 00
Y 25
K 15

C 16
M 00
Y 00
K 00

C 00
M 00
Y 57
K 00

« Mysterious « Allhallowmas « Festival & Greeting

06 C
62 M
25 Y
00 K

13 C
23 M
53 Y
00 K

12 C
10 M
21 Y
00 K

18 C
04 M
09 Y
00 K

Festival & Greeting >> Allhallowmas >> Surprising >>

C 64
M 48
Y 46
K 07

C 32
M 21
Y 28
K 01

C 00
M 43
Y 91
K 00

C 00
M 26
Y 39
K 01

C 11
M 00
Y 17
K 01

≪ Yeaning ≪ Allhallowmas ≪ Festival & Greeting

15 C
71 M
78 Y
11 K

27 C
49 M
53 Y
03 K

34 C
21 M
22 Y
11 K

31 C
19 M
20 Y
00 K

Festival & Greeting >> Allhallowmas >> Hilarious

C 84
M 99
Y 04
K 54

C 68
M 41
Y 22
K 00

C 71
M 32
Y 45
K 00

C 24
M 35
Y 47
K 00

C 21
M 97
Y 25
K 00

≪ Spooky   ≪ Allhallowmas   ≪ Festival & Greeting

72 C
61 M
67 Y
43 K

41 C
37 M
62 Y
23 K

29 C
21 M
56 Y
11 K

43 C
25 M
27 Y
00 K

Festival & Greeting >> Children's Day >> Happy

C 39 M 05 Y 16 K 06
C 31 M 00 Y 69 K 00
C 08 M 06 Y 16 K 00
C 00 M 00 Y 38 K 00
C 00 M 20 Y 00 K 00
C 00 M 60 Y 57 K 00

« Naive « Children's Day « Festival & Greeting

Festival & Greeting >> Children's Day >> Blessed

C 82
M 42
Y 24
K 02

C 24
M 02
Y 09
K 00

C 29
M 00
Y 39
K 00

C 06
M 08
Y 22
K 00

C 02
M 43
Y 07
K 00

《 Sweet 《 Children's Day 《 Festival & Greeting

24 C
32 M
38 Y
00 K

00 C
95 M
23 Y
00 K

00 C
23 M
06 Y
00 K

05 C
08 M
02 Y
00 K

39 C
00 M
15 Y
06 K

Festival & Greeting >> Children's Day >> Naughty

C 58
M 95
Y 88
K 49

C 58
M 16
Y 46
K 00

C 33
M 17
Y 12
K 00

C 00
M 01
Y 01
K 10

C 06
M 22
Y 57
K 01

C 33
M 38
Y 36
K 00

« Cheerful « Children's Day « Festival 8 Greeting

51 C	34 C	07 C	00 C	38 C
99 M	99 M	90 M	10 M	20 M
99 Y	86 Y	86 Y	53 Y	00 Y
32 K	01 K	00 K	00 K	00 K

Festival & Greeting >> Season Greeting >> Mild

C	38
M	68
Y	00
K	00

C	25
M	47
Y	37
K	00

C	40
M	13
Y	44
K	00

C	23
M	00
Y	09
K	00

C	03
M	08
Y	07
K	00

《 Delightful 《 Season Greeting 《 Festival & Greeting

05 C
88 M
57 Y
00 K

04 C
68 M
23 Y
00 K

00 C
00 M
00 Y
05 K

27 C
00 M
56 Y
00 K

39 C
00 M
15 Y
00 K

71 C
01 M
37 Y
00 K

Festival & Greeting ≫ Season Greeting ≫ Graceful ≫

C 82
M 84
Y 49
K 14

C 28
M 76
Y 45
K 00

C 25
M 38
Y 56
K 00

C 51
M 35
Y 61
K 00

C 37
M 04
Y 18
K 00

C 00
M 00
Y 00
K 20

« Passionate « Season Greeting « Festival & Greeting

07 C
70 M
46 Y
00 K

06 C
16 M
69 Y
00 K

21 C
00 M
53 Y
00 K

06 C
03 M
33 Y
00 K

61 C
00 M
17 Y
00 K

Festival & Greeting　≫　Season Greeting　≫　Low-Key　≫

C	53
M	89
Y	77
K	25

C	44
M	87
Y	65
K	04

C	25
M	55
Y	59
K	00

C	41
M	22
Y	53
K	00

C	84
M	50
Y	60
K	15

C	02
M	53
Y	20
K	00

≪ Moderate ≪ Season Greeting ≪ Festival & Greeting

89 C	57 C	55 C	16 C	07 C	16 C
55 M	08 M	20 M	11 M	70 M	91 M
30 Y	45 Y	58 Y	43 Y	46 Y	17 Y
09 K	00 K	00 K	00 K	00 K	00 K

Festival & Greeting >> Newborn >> Cute

C 00
M 44
Y 05
K 00

C 00
M 19
Y 17
K 00

C 04
M 05
Y 11
K 00

C 11
M 00
Y 00
K 00

C 32
M 00
Y 42
K 00

C 00
M 00
Y 47
K 00

« Loving « Newborn « Festival & Greeting

48 C
82 M
65 Y
07 K

04 C
33 M
14 Y
00 K

07 C
13 M
30 Y
00 K

13 C
06 M
11 Y
00 K

12 C
00 M
05 Y
00 K

Festival & Greeting >> Newborn >> Sweet

C 58
M 43
Y 35
K 00

C 34
M 25
Y 19
K 00

C 24
M 14
Y 34
K 00

C 02
M 22
Y 07
K 00

C 00
M 00
Y 00
K 05

≪ Happy ≪ Newborn ≪ Festival & Greeting

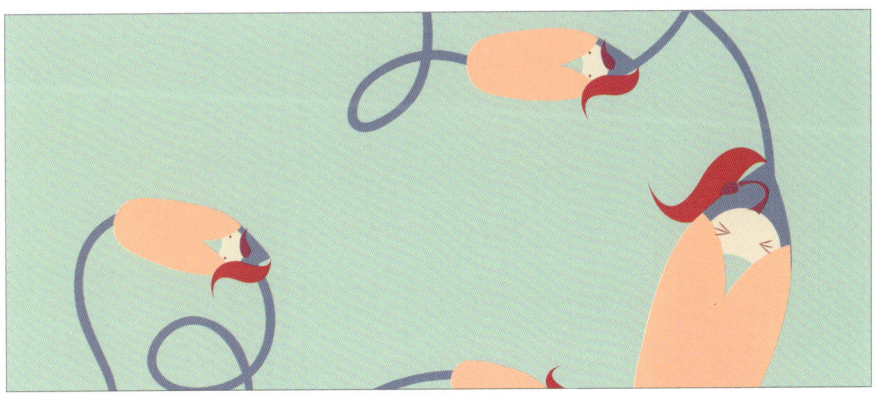

12	C
76	M
48	Y
00	K

00	C
22	M
36	Y
00	K

05	C
06	M
21	Y
00	K

21	C
00	M
23	Y
04	K

51	C
30	M
17	Y
00	K

Festival & Greeting >> Newborn >> Joyous

C	24
M	81
Y	67
K	00

C	21
M	24
Y	31
K	01

C	47
M	24
Y	47
K	00

C	64
M	30
Y	40
K	00

C	77
M	56
Y	62
K	09

« Surprised « New Born « Festova;& Greeting

C	M	Y	K
00	67	97	01
00	30	30	00
02	08	20	07
42	08	22	00

Festival & Greeting >> Birthday >> Sweet

C 37
M 44
Y 69
K 00

C 00
M 46
Y 52
K 00

C 09
M 19
Y 53
K 00

C 16
M 05
Y 31
K 00

C 00
M 00
Y 11
K 00

≪ Festive ≪ Birthday ≪ Festival & Greeting

21 C
86 M
75 Y
00 K

18 C
29 M
02 Y
00 K

24 C
00 M
09 Y
00 K

00 C
00 M
00 Y
10 K

13 C
12 M
57 Y
00 K

Festival & Greeting >> Birthday >> Love

C 24	
M 82	
Y 16	
K 00	

C 20	
M 21	
Y 75	
K 00	

C 05	
M 03	
Y 38	
K 00	

C 38	
M 31	
Y 44	
K 00	

C 38	
M 12	
Y 44	
K 00	

C 56	
M 33	
Y 44	
K 00	

≪ Friendship ≪ Birthday ≪ Festival & Greeting

36 C
70 M
26 Y
00 K

40 C
33 M
15 Y
00 K

54 C
02 M
21 Y
00 K

33 C
02 M
64 Y
00 K

20 C
00 M
25 Y
00 K

Festival & Greeting >> Birthday >> Masculine

C 00
M 00
Y 00
K 99

C 56
M 90
Y 67
K 24

C 48
M 63
Y 95
K 06

C 51
M 43
Y 80
K 00

C 65
M 58
Y 76
K 13

C 36
M 29
Y 36
K 00

« Feminine « Birthday « Festival & Greeting

94	C
99	M
16	Y
00	K

79	C
31	M
50	Y
00	K

16	C
91	M
00	Y
00	K

14	C
35	M
57	Y
00	K

00	C
00	M
25	Y
00	K

Festival & Greeting >> Christmas >> Children >>

C 07
M 67
Y 71
K 00

C 12
M 22
Y 33
K 00

C 16
M 12
Y 18
K 00

C 15
M 04
Y 00
K 00

C 00
M 00
Y 18
K 00

« Youth « Christmas « Festival & Greeting

71 C
57 M
00 Y
00 K

39 C
00 M
54 Y
00 K

17 C
08 M
00 Y
00 K

04 C
00 M
22 Y
00 K

00 C
23 M
32 Y
00 K

Festival & Greeting >> Christmas >> Revel >>

C 00
M 93
Y 99
K 18

C 99
M 29
Y 99
K 00

C 09
M 13
Y 39
K 00

C 14
M 09
Y 00
K 00

C 58
M 33
Y 04
K 00

≪ Reunion ≪ Christmas ≪ Festival & Greeting

97	C
86	M
34	Y
00	K

49	C
25	M
00	Y
00	K

21	C
09	M
00	Y
00	K

07	C
13	M
47	Y
00	K

05	C
42	M
31	Y
00	K

Festival & Greeting >> Christmas >> Cold

C 94
M 98
Y 65
K 55

C 82
M 63
Y 21
K 00

C 47
M 00
Y 47
K 07

C 19
M 15
Y 08
K 00

C 14
M 47
Y 01
K 00

C 33
M 90
Y 59
K 00

« Warm « Christmas « Festival & Greeting

98 C
99 M
70 Y
63 K

84 C
67 M
41 Y
02 K

25 C
24 M
44 Y
00 K

36 C
35 M
53 Y
00 K

42 C
94 M
92 Y
08 K

Festival & Greeting >> Valentine's Day >> Hazy

C 24
M 37
Y 65
K 00

C 18
M 16
Y 41
K 00

C 24
M 09
Y 65
K 00

C 36
M 24
Y 20
K 00

《 Clear 《 Valentine's Day 《 Festival & Greeting

44 C
50 M
72 Y
00 K

10 C
11 M
31 Y
00 K

18 C
04 M
10 Y
15 K

45 C
20 M
00 Y
08 K

Festival & Greeting >> Valentine's Day >> Lovestruck >>

C 23
M 99
Y 40
K 00

C 08
M 72
Y 00
K 00

C 39
M 21
Y 36
K 00

C 14
M 16
Y 10
K 00

C 08
M 14
Y 00
K 00

« Honeyed « Valentine's Day « Festival & Greeting

43 C
85 M
11 Y
00 K

28 C
50 M
26 Y
00 K

53 C
13 M
53 Y
00 K

15 C
15 M
22 Y
00 K

Festival & Greeting >> Valentine's Day >> Mellow

C 52
M 56
Y 78
K 54

C 79
M 75
Y 39
K 02

C 36
M 37
Y 43
K 00

C 15
M 85
Y 75
K 00

≪ Ebullient ≪ Valentine's Day ≪ Festival & Greeting

00 C
00 M
00 Y
80 K

12 C
89 M
87 Y
02 K

00 C
00 M
00 Y
20 K

Abstract & Geometry >> Nature Fantasy >> Lively

C 61
M 17
Y 00
K 62

C 00
M 13
Y 51
K 59

C 11
M 17
Y 38
K 00

C 40
M 00
Y 50
K 03

C 34
M 00
Y 17
K 00

C 06
M 00
Y 06
K 00

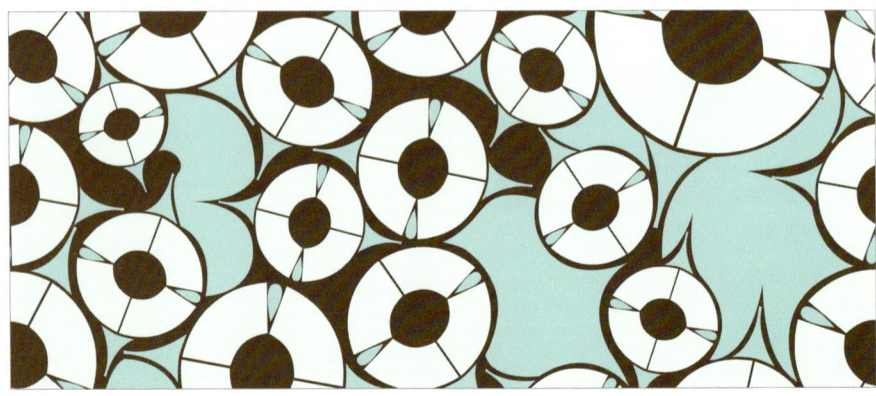

« Limpid « Nature Fantasy « Abstract & Geometry

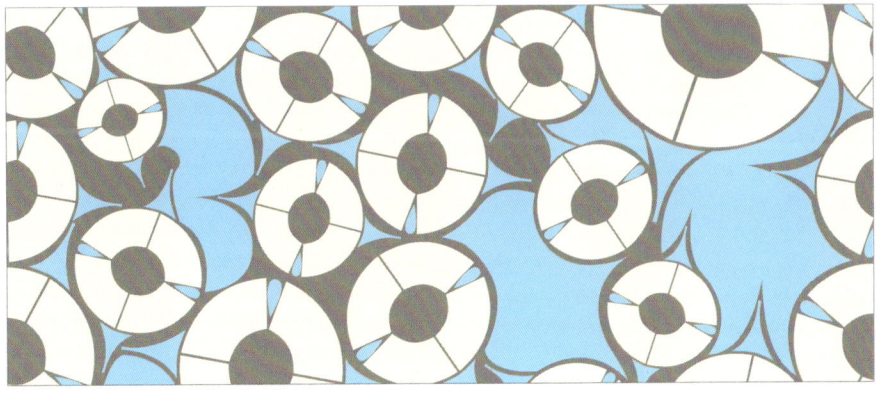

36	C
00	M
68	Y
00	K

00	C
00	M
35	Y
00	K

00	C
00	M
07	Y
00	K

00	C
00	M
00	Y
11	K

37	C
03	M
00	Y
00	K

17	C
16	M
22	Y
22	K

Abstract & Geometry >> Nature Fantasy >> Confident >>

C 19
M 86
Y 83
K 08

C 06
M 32
Y 54
K 28

C 00
M 06
Y 15
K 18

C 43
M 29
Y 23
K 00

C 67
M 41
Y 19
K 41

≪ Healthy ≪ Nature Fantasy ≪ Abstract & Geometry

60	C
37	M
60	Y
31	K

52	C
21	M
84	Y
00	K

64	C
27	M
42	Y
00	K

81	C
27	M
20	Y
00	K

22	C
67	M
10	Y
00	K

08	C
07	M
14	Y
04	K

Abstract & Geometry >> Nature Fantasy >> Sturdy

C	00
M	00
Y	00
K	99

C	00
M	22
Y	32
K	76

C	31
M	00
Y	29
K	29

C	37
M	00
Y	12
K	00

C	44
M	66
Y	15
K	00

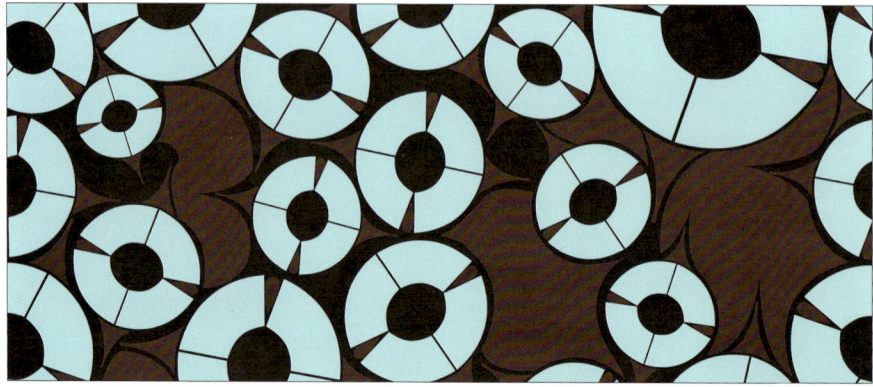

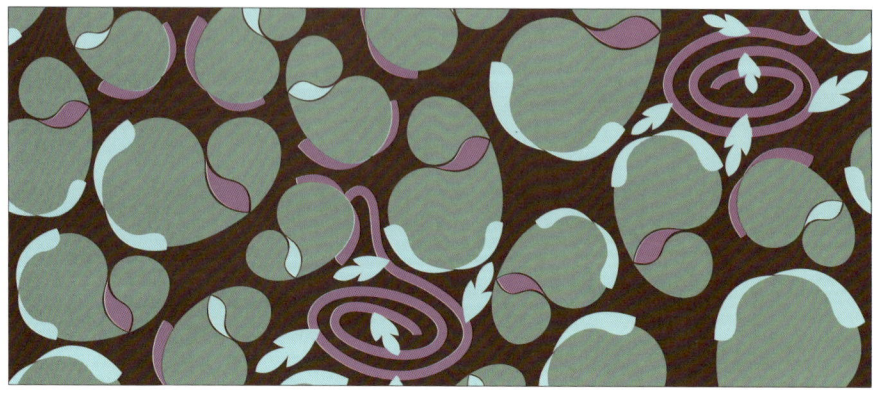

≪ Steady ≪ Nature Fantasy ≪ Abstract & Geometry

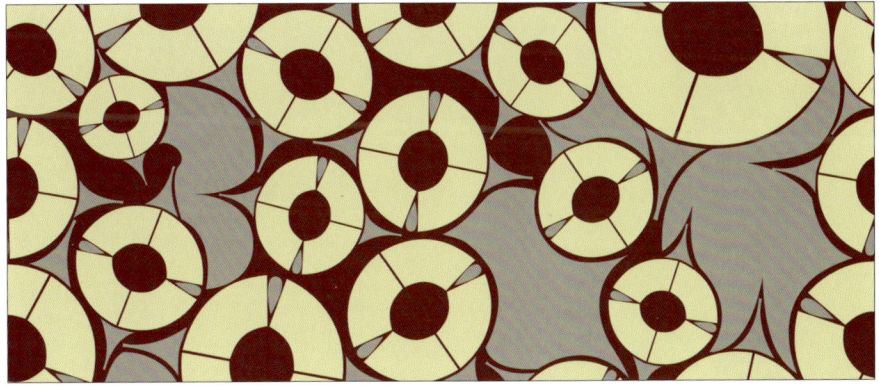

59 C	13 C	13 C	31 C	67 C
99 M	64 M	11 M	26 M	64 M
77 Y	44 Y	45 Y	33 Y	85 Y
47 K	00 K	00 K	14 K	28 K

Abstract & Geometry >> Ice Age >> Babyish

C 36
M 34
Y 44
K 07

C 22
M 20
Y 42
K 00

C 02
M 12
Y 00
K 00

C 05
M 00
Y 02
K 00

C 22
M 00
Y 05
K 00

C 45
M 20
Y 41
K 00

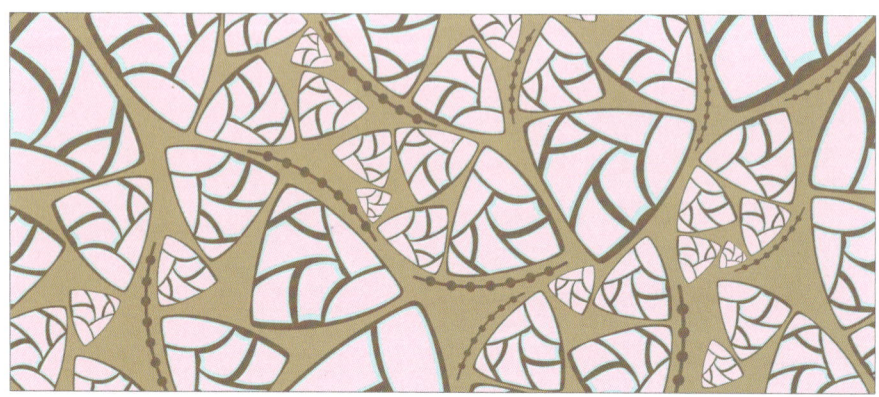

« Fresh « Ice Age « Abstract & Geometry

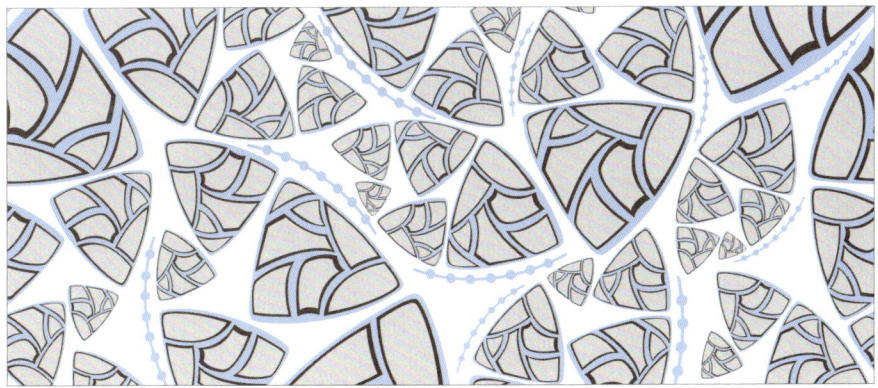

00 C
10 M
13 Y
52 K

33 C
12 M
00 Y
00 K

12 C
19 M
01 Y
00 K

00 C
00 M
28 Y
00 K

00 C
02 M
02 Y
08 K

Abstract & Geometry >> Ice Age >> Profound

C 07
M 72
Y 60
K 00

C 41
M 33
Y 27
K 00

C 01
M 22
Y 30
K 05

C 06
M 00
Y 14
K 00

C 25
M 12
Y 00
K 00

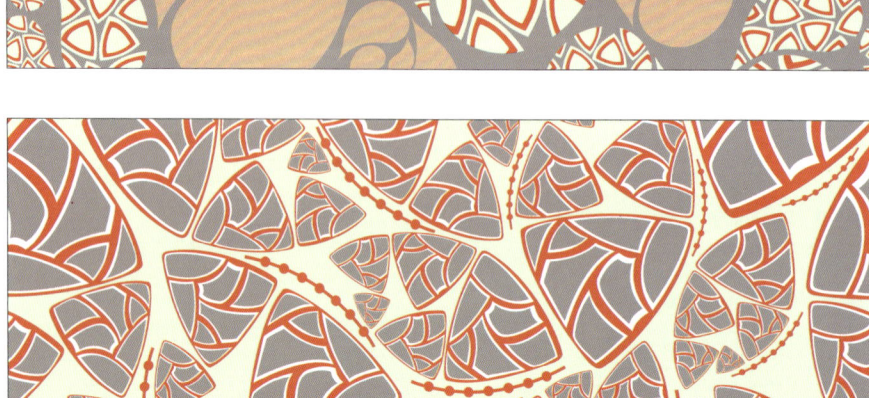

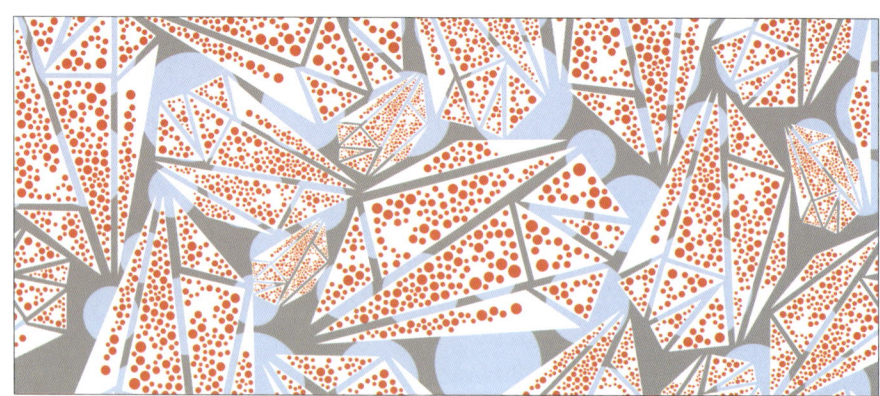

« Science Fictional « Ice Age « Abstract & Geometry

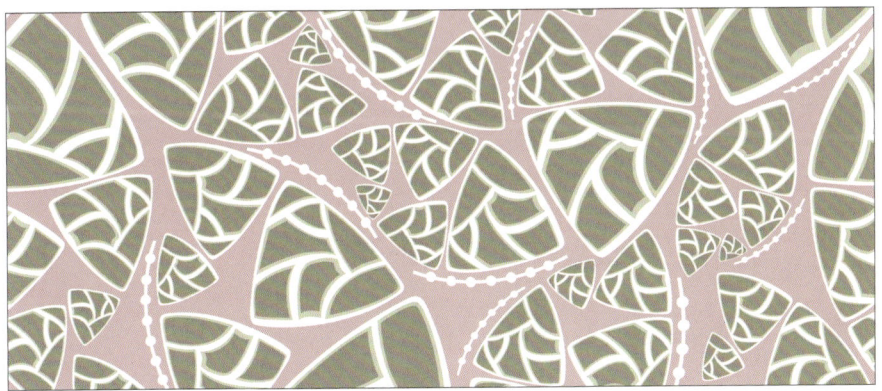

66 C	15 C	19 C	12 C	09 C
40 M	25 M	13 M	05 M	05 M
00 Y	13 Y	29 Y	22 Y	00 Y
00 K	00 K	16 K	04 K	00 K

Abstract & Geometry >> Ice Age >> Gone

C 87
M 73
Y 58
K 25

C 67
M 23
Y 32
K 00

C 47
M 18
Y 30
K 00

C 22
M 16
Y 22
K 00

C 14
M 16
Y 29
K 00

C 09
M 48
Y 48
K 00

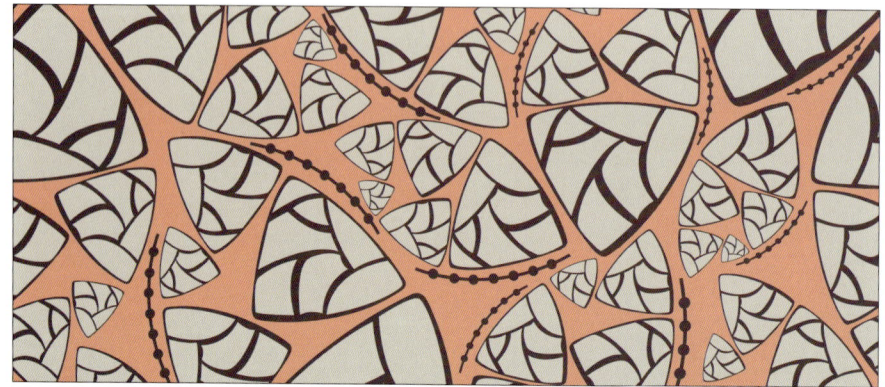

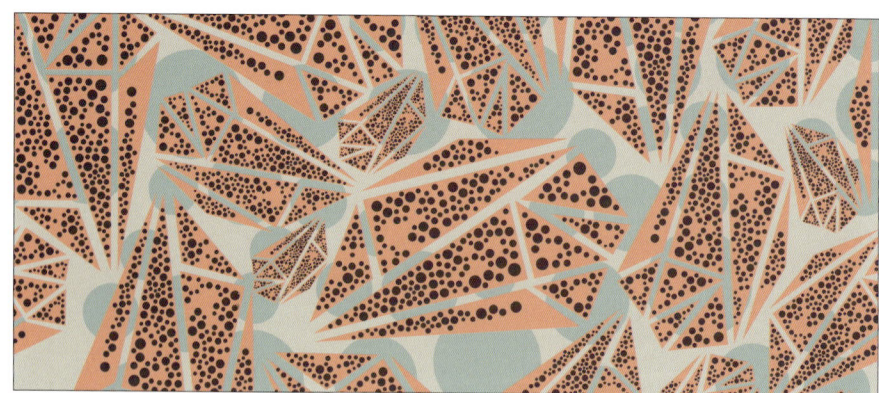

« Future « Ice Age « Abstract & Geometry

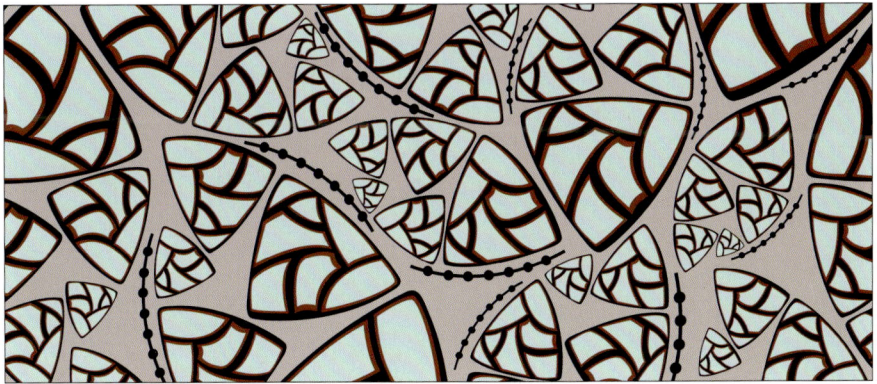

00 C	
00 M	
00 Y	
99 K	

40 C	
79 M	
99 Y	
22 K	

17 C	
75 M	
00 Y	
07 K	

27 C	
21 M	
22 Y	
00 K	

00 C	
10 M	
16 Y	
00 K	

19 C	
00 M	
09 Y	
04 K	

Abstract & Geometry >> Nick >> Delightful >>

C 59
M 25
Y 07
K 00

C 02
M 57
Y 41
K 00

C 05
M 03
Y 10
K 00

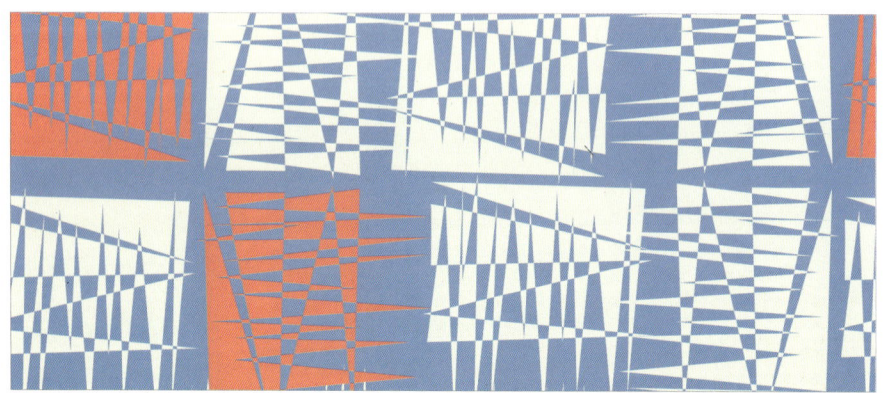

« Active « Nick « Abstract & Geometry

Abstract & Geometry >> Nick >> Modern

C 69
M 46
Y 00
K 00

C 00
M 00
Y 00
K 41

C 05
M 05
Y 10
K 02

C 29
M 32
Y 56
K 00

C 27
M 44
Y 38
K 00

« Plain « Nick « Abstract & Geometry

00 C	58 C	65 C	00 C	11 C
10 M	00 M	00 M	05 M	00 M
17 Y	79 Y	31 Y	08 Y	22 Y
51 K	13 K	00 K	16 K	00 K

Abstract & Geometry >> Nick >> Vital >>

C 00
M 00
Y 00
K 99

C 33
M 36
Y 59
K 25

C 44
M 19
Y 12
K 00

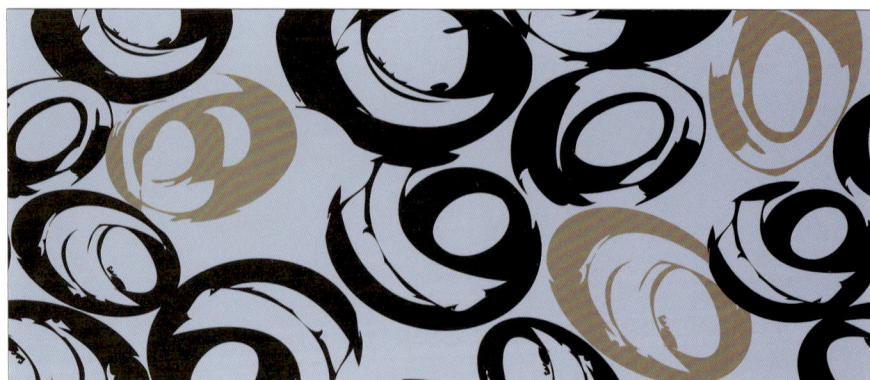
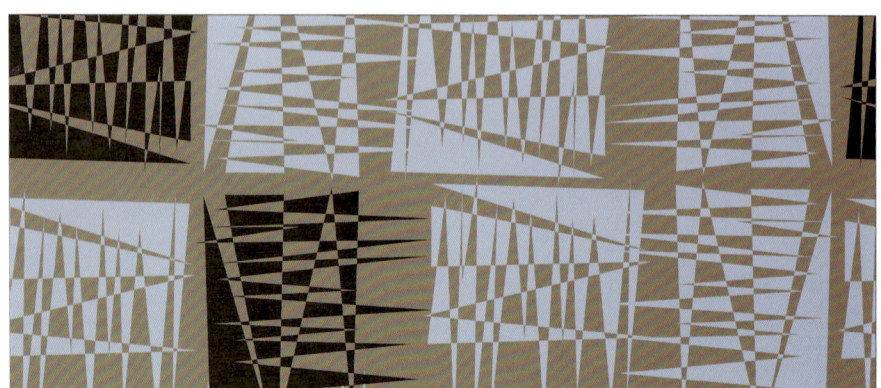
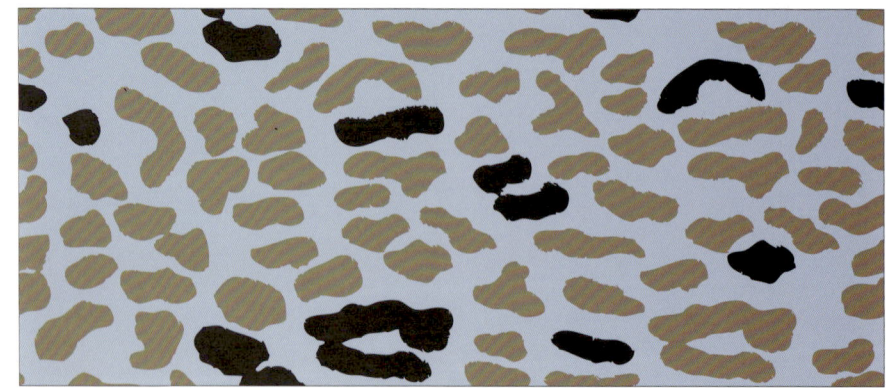
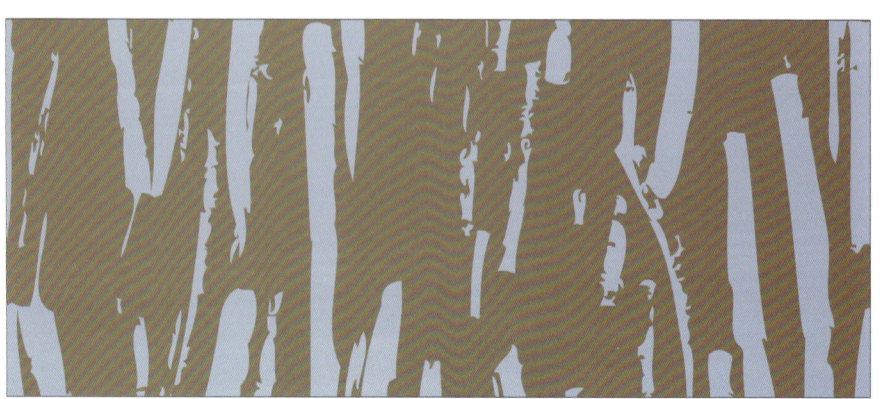

« Faerie « Nick « Abstract & Geometry

71	C
83	M
49	Y
29	K

30	C
10	M
29	Y
00	K

16	C
40	M
22	Y
00	K

13	C
54	M
01	Y
00	K

Abstract & Geometry >> Grid-Like >> Delicate

C 20
M 00
Y 12
K 23

C 12
M 12
Y 00
K 03

C 27
M 00
Y 00
K 00

C 05
M 00
Y 00
K 00

C 09
M 00
Y 12
K 00

C 00
M 00
Y 60
K 00

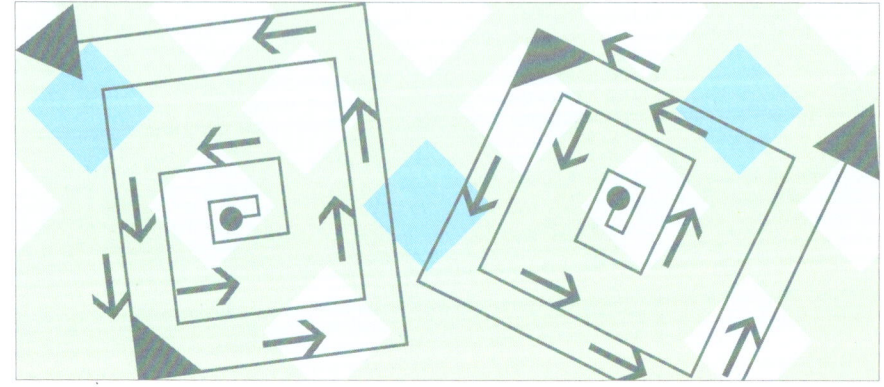

« Tender « Grid-Like « Abstract & Geometry

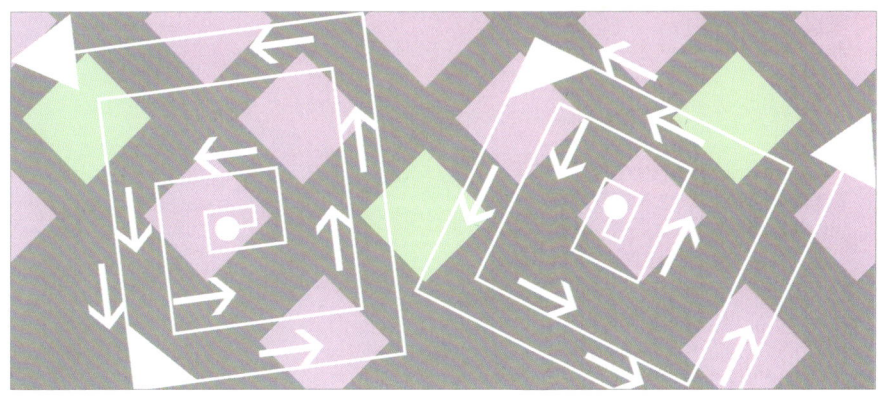

Abstract & Geometry >> Grid-Like >> Masculine >>

C 40
M 00
Y 02
K 67

C 22
M 00
Y 00
K 46

C 15
M 00
Y 00
K 16

C 08
M 00
Y 00
K 04

C 00
M 00
Y 05
K 16

C 00
M 00
Y 05
K 27

C 00
M 00
Y 06
K 46

≪ Amiable ≪ Grid-Like ≪ Abstract & Geometry

54	C
34	M
15	Y
00	K

30	C
12	M
42	Y
00	K

17	C
07	M
00	Y
03	K

05	C
07	M
00	Y
00	K

00	C
07	M
07	Y
11	K

17	C
21	M
39	Y
00	K

Abstract & Geometry >> Grid-Like >> Deep >>

C 57
M 48
Y 50
K 50

C 00
M 13
Y 19
K 68

C 29
M 41
Y 16
K 11

C 38
M 00
Y 27
K 34

C 22
M 00
Y 11
K 27

C 59
M 21
Y 00
K 13

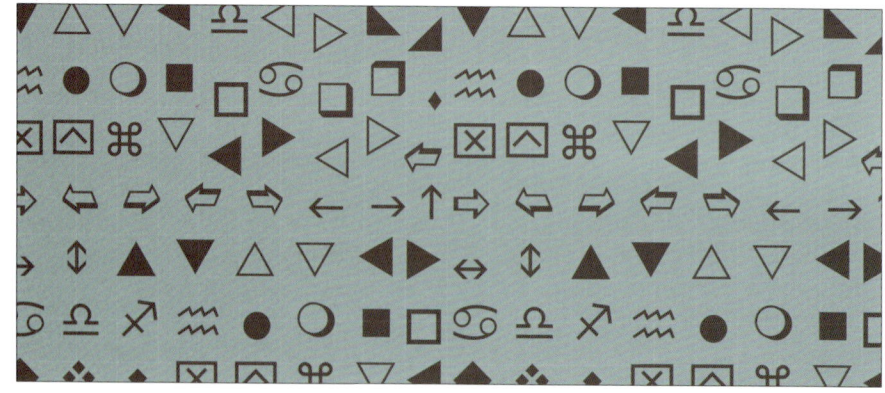

« Serenel « Grid-Like « Abstract & Geometry

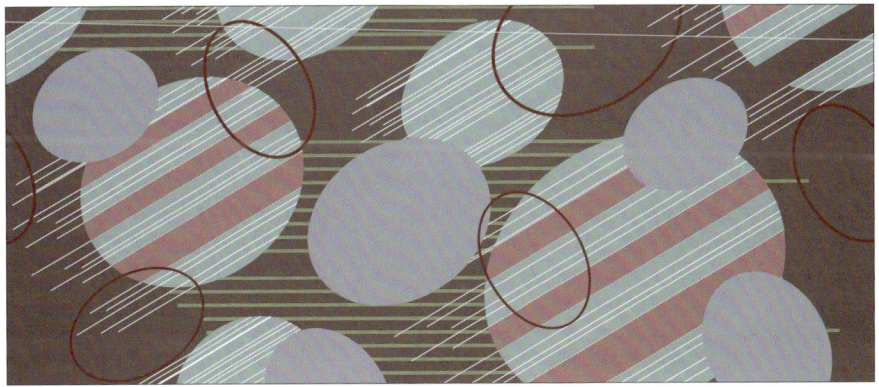

09 C	55 M	50 Y	61 K
00 C	13 M	19 Y	65 K
44 C	21 M	54 Y	16 K
22 C	00 M	11 Y	27 K
36 C	21 M	14 Y	13 K
07 C	38 M	24 Y	30 K

Abstract & Geometry >> Outline >> Cool >>

C 64
M 39
Y 18
K 00

C 24
M 09
Y 07
K 02

C 04
M 03
Y 00
K 00

C 37
M 00
Y 00
K 00

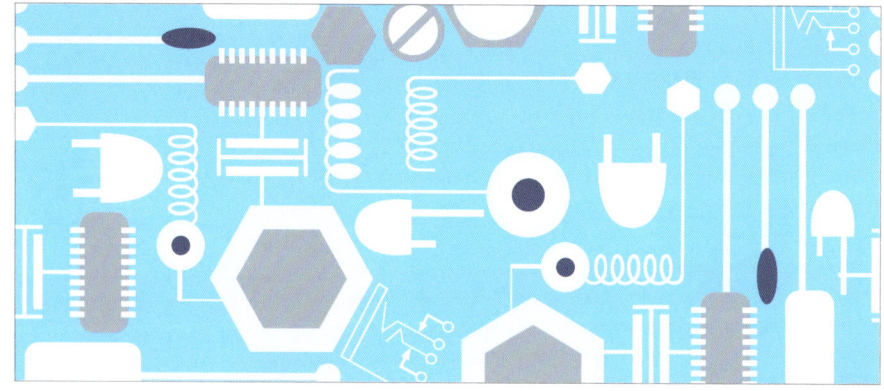

« Sharp-Cut « Outline « Abstract & Geometry

44	C
52	M
75	Y
24	K

00	C
01	M
99	Y
00	K

00	C
00	M
34	Y
00	K

18	C
00	M
09	Y
00	K

00	C
00	M
00	Y
20	K

Abstract & Geometry >> Outline >> Harmonious >>

C 28
M 25
Y 48
K 00

C 07
M 23
Y 27
K 00

C 01
M 05
Y 11
K 00

C 10
M 00
Y 05
K 16

C 46
M 18
Y 05
K 00

« Dynamic « Outline Abstract & Geometry «

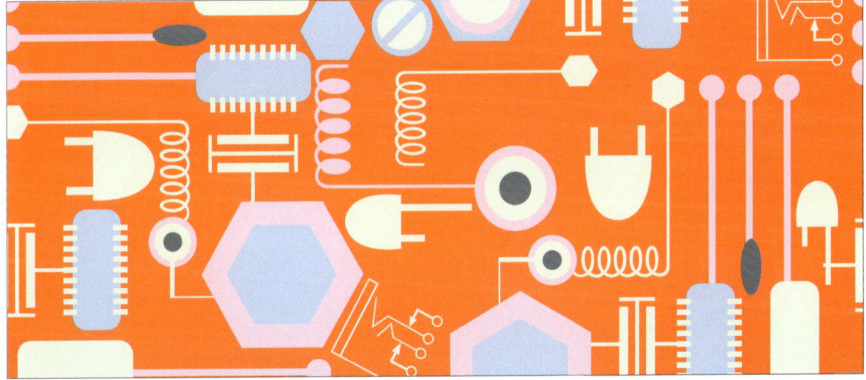

00 C
66 M
81 Y
00 K

07 C
00 M
12 Y
00 K

03 C
18 M
00 Y
00 K

26 C
09 M
00 Y
00 K

55 C
34 M
28 Y
18 K

Abstract & Geometry >> Outline >> Approachable >>

C 00
M 00
Y 00
K 90

C 22
M 34
Y 72
K 30

C 35
M 28
Y 35
K 01

C 31
M 15
Y 74
K 00

C 06
M 11
Y 48
K 00

≪ Witty ≪ Outline ≪ Abstract & Geometry

50 C
99 M
74 Y
19 K

07 C
76 M
23 Y
00 K

17 C
15 M
33 Y
00 K

36 C
24 M
19 Y
00 K

84 C
65 M
18 Y
03 K

Abstract & Geometry >> Activity >> Neat

C 39
M 15
Y 44
K 00

C 00
M 00
Y 00
K 40

C 22
M 05
Y 07
K 00

C 19
M 12
Y 32
K 00

C 09
M 10
Y 46
K 00

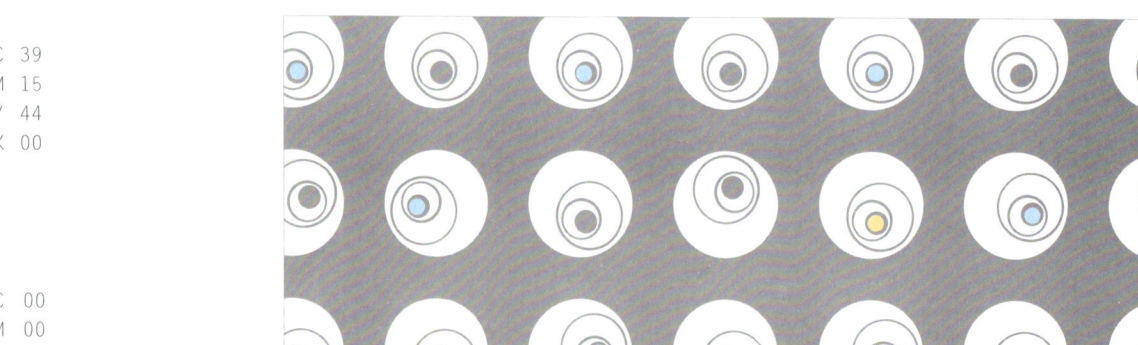

≪ Slow ≪ Activity ≪ Abstract & Geometry

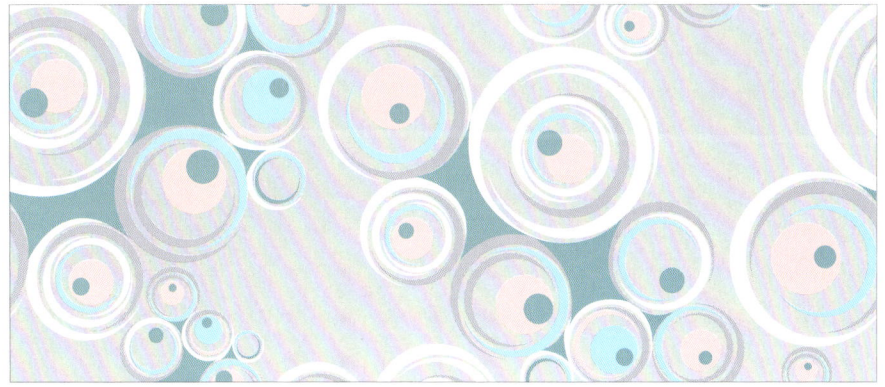

50 C	27 C	00 C	00 C	19 C
09 M	00 M	00 M	11 M	14 M
15 Y	00 Y	00 Y	04 Y	06 Y
00 K	00 K	09 K	00 K	00 K

Abstract & Geometry >> Activity >> Afloat >>

C	76
M	52
Y	51
K	02

C	59
M	19
Y	36
K	00

C	42
M	07
Y	22
K	00

C	11
M	16
Y	33
K	00

C	06
M	21
Y	11
K	00

C	05
M	30
Y	29
K	00

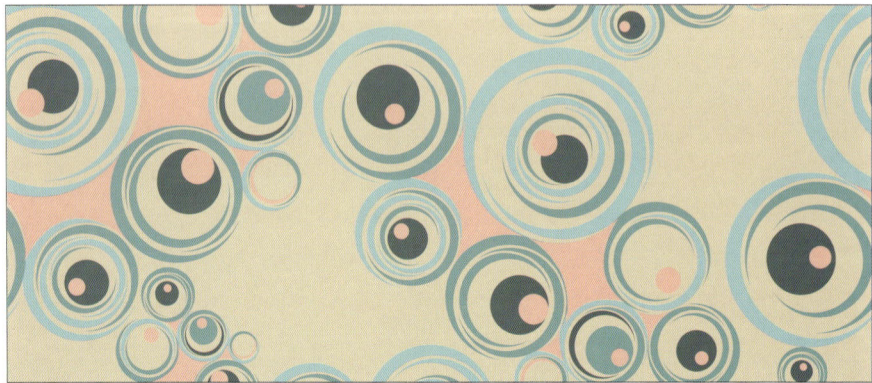

≪ Flappy ≪ Activity ≪ Abstract & Geometry

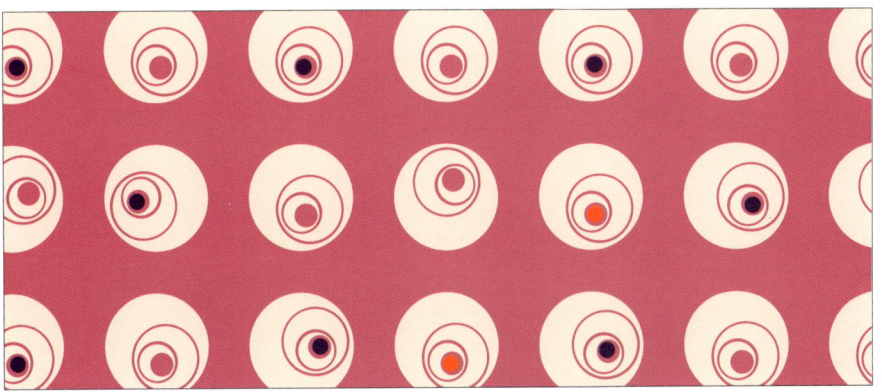

99 C 99 M 50 Y 10 K	
13 C 23 M 00 Y 00 K	
02 C 09 M 15 Y 00 K	
00 C 49 M 11 Y 00 K	
09 C 82 M 28 Y 00 K	
00 C 95 M 93 Y 00 K	

Abstract & Geometry >> Activity >> Heavy >>

C	68
M	37
Y	19
K	66

C	80
M	49
Y	19
K	47

C	69
M	33
Y	25
K	00

C	38
M	62
Y	50
K	00

C	20
M	28
Y	44
K	17

C	10
M	21
Y	40
K	00

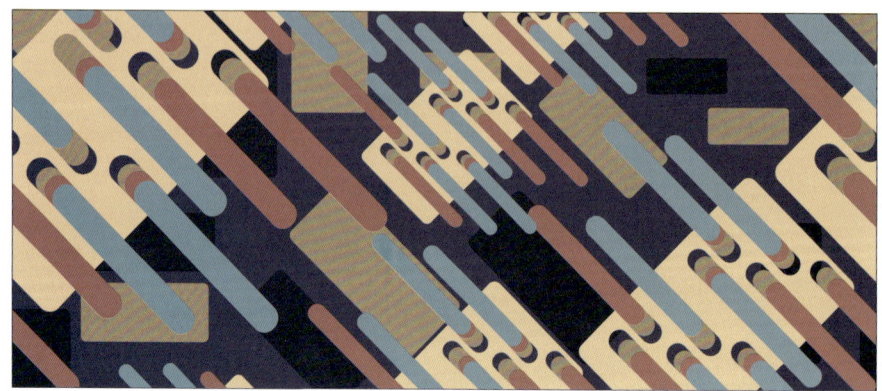

≪ Irregular ≪ Activity ≪ Abstract & Geometry

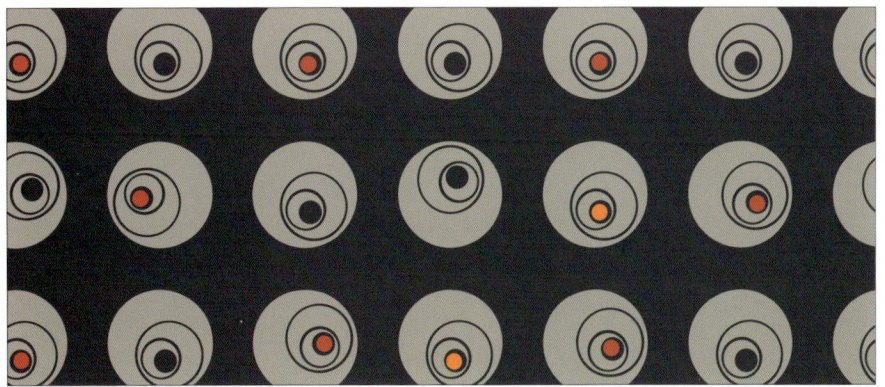

C	M	Y	K
79	68	64	51
17	94	87	00
00	68	99	00
00	58	27	00
38	33	43	00
65	41	23	42

Abstract & Geometry >> Sound >> Relaxed >>

C 00
M 53
Y 00
K 00

C 03
M 26
Y 00
K 00

C 06
M 00
Y 10
K 00

C 25
M 00
Y 22
K 00

C 56
M 16
Y 65
K 01

« Cheerful « Sound « Abstract & Geometry

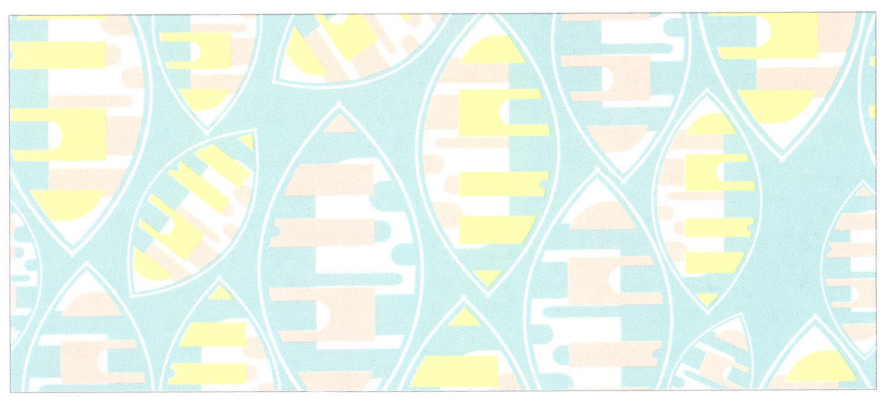

00	C
65	M
98	Y
00	K

00	C
00	M
39	Y
00	K

00	C
00	M
08	Y
00	K

00	C
09	M
09	Y
00	K

21	C
00	M
07	Y
00	K

Abstract & Geometry >> Sound >> Flaming >>

C 21
M 85
Y 96
K 12

C 10
M 92
Y 99
K 00

C 32
M 26
Y 40
K 22

C 42
M 21
Y 25
K 04

C 00
M 03
Y 20
K 16

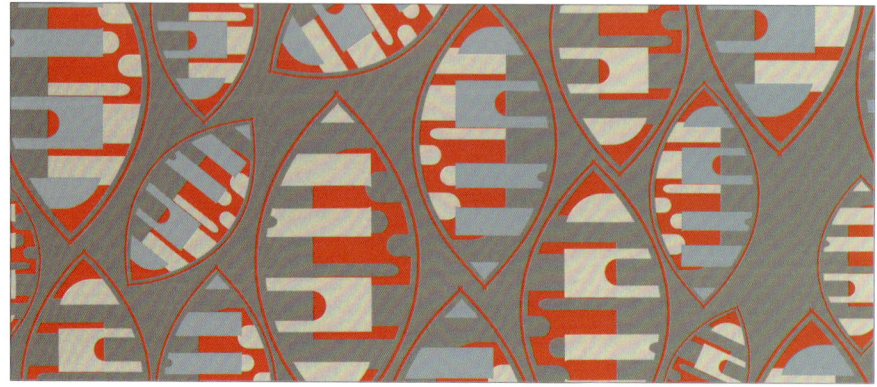

≪ Harmonious ≪ Sound ≪ Abstract & Geometry

34 C
70 M
65 Y
23 K

22 C
26 M
18 Y
04 K

30 C
11 M
05 Y
08 K

20 C
12 M
10 Y
00 K

08 C
08 M
07 Y
03 K

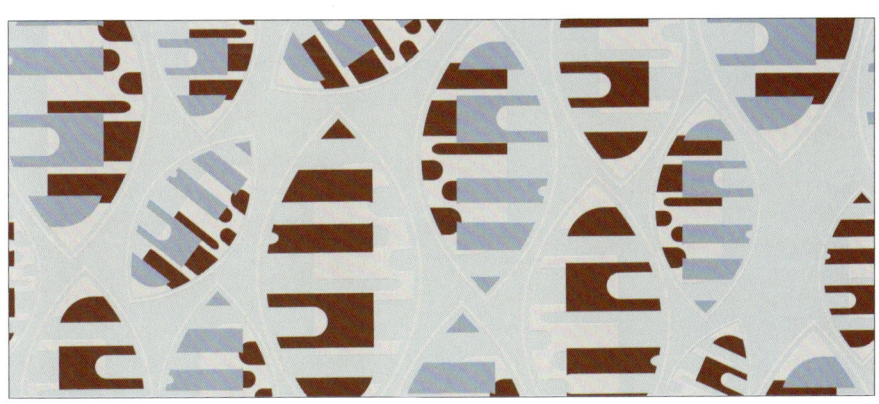

Abstract & Geometry >> Sound >> Deep-Voiced >>

C 00
M 00
Y 00
K 99

C 48
M 41
Y 44
K 41

C 54
M 29
Y 21
K 09

C 25
M 18
Y 35
K 00

C 30
M 32
Y 47
K 01

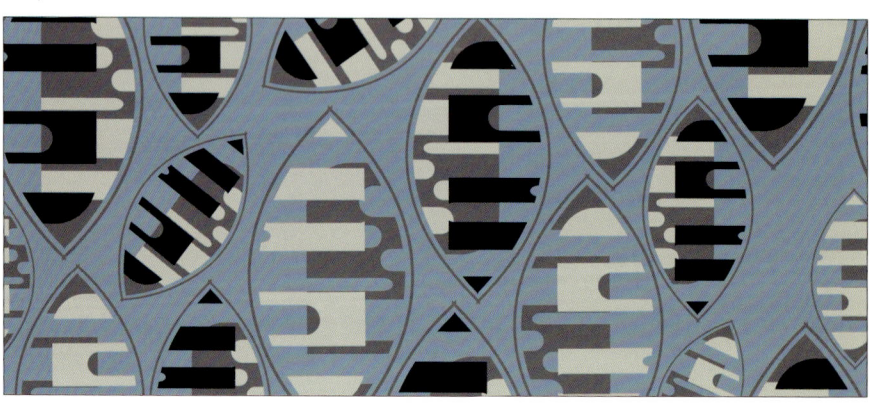

« Booming « Sound « Abstract & Geometry

15 C	51 C	42 C	12 C	13 C
00 M	38 M	36 M	00 M	05 M
31 Y	86 Y	36 Y	37 Y	09 Y
97 K	07 K	00 K	17 K	00 K

Abstract & Geometry >> Expression >> Smiling >>

C	29
M	27
Y	43
K	00

C	05
M	36
Y	21
K	00

C	12
M	27
Y	33
K	00

C	10
M	14
Y	34
K	00

C	09
M	11
Y	16
K	00

C	25
M	00
Y	06
K	00

« Well-Pleasing « Expression « Abstract & Geometry

02 C	00 C	01 C	09 C	20 C
62 M	33 M	09 M	07 M	03 M
44 Y	32 Y	16 Y	20 Y	18 Y
00 K	00 K	00 K	00 K	00 K

Abstract & Geometry >> Expression >> Coy >>

C 00
M 51
Y 91
K 00

C 00
M 19
Y 52
K 00

C 12
M 03
Y 36
K 00

C 24
M 05
Y 03
K 00

C 30
M 08
Y 20
K 00

C 21
M 21
Y 46
K 03

« Chipper « Expression « Abstract & Geometry

00 C	80 C	36 C	34 C	01 C
92 M	00 M	10 M	17 M	14 M
14 Y	00 Y	00 Y	15 Y	01 Y
00 K	00 K	00 K	00 K	00 K

Abstract & Geometry >> Expression >> Dignified >>

C 00
M 00
Y 00
K 99

C 65
M 44
Y 33
K 12

C 51
M 13
Y 15
K 02

C 36
M 15
Y 13
K 02

C 19
M 23
Y 30
K 04

C 31
M 32
Y 33
K 11

《 Proud 《 Expression 《 Abstract & Geometry

45	C
67	M
76	Y
34	K

36	C
51	M
45	Y
06	K

31	C
48	M
28	Y
05	K

39	C
14	M
27	Y
06	K

23	C
00	M
35	Y
21	K

60	C
49	M
56	Y
21	K

Abstract & Geometry >> Loveliness >> Pastel >>

C	30
M	74
Y	00
K	00

C	05
M	32
Y	25
K	00

C	21
M	28
Y	23
K	00

C	15
M	17
Y	20
K	00

C	24
M	05
Y	09
K	00

C	00
M	00
Y	25
K	00

« Idyllic « Loveliness « Abstract & Geometry

01	C
75	M
17	Y
00	K

06	C
40	M
42	Y
00	K

06	C
16	M
41	Y
00	K

10	C
05	M
21	Y
00	K

12	C
00	M
00	Y
00	K

26	C
00	M
74	Y
00	K

Abstract & Geometry >> Loveliness >> Easeful >>

C	76
M	69
Y	46
K	18

C	61
M	48
Y	39
K	00

C	38
M	27
Y	29
K	00

C	10
M	08
Y	14
K	00

C	08
M	21
Y	61
K	00

C	43
M	00
Y	12
K	00

≪ Vivid ≪ Loveliness ≪ Abstract & Geometry

| 53 C |
| 75 M |
| 96 Y |
| 22 K |

| 23 C |
| 42 M |
| 28 Y |
| 03 K |

| 09 C |
| 08 M |
| 13 Y |
| 00 K |

| 09 C |
| 01 M |
| 09 Y |
| 00 K |

| 27 C |
| 00 M |
| 41 Y |
| 00 K |

| 65 C |
| 06 M |
| 58 Y |
| 00 K |

Abstract & Geometry >> Loveliness >> Nice >>

C 53
M 75
Y 99
K 23

C 00
M 72
Y 37
K 00

C 13
M 54
Y 44
K 21

C 17
M 21
Y 30
K 05

C 59
M 18
Y 22
K 13

C 69
M 45
Y 42
K 38

« Vivacious « Loveliness « Abstract & Geometry

60	C
90	M
97	Y
53	K

47	C
36	M
51	Y
05	K

00	C
37	M
87	Y
03	K

26	C
17	M
81	Y
00	K

28	C
11	M
28	Y
00	K

14	C
13	M
36	Y
00	K

Abstract & Geometry >> Feeling >> Translucent >>

C 40
M 17
Y 34
K 00

C 12
M 08
Y 24
K 04

C 02
M 01
Y 20
K 00

C 08
M 06
Y 08
K 00

C 27
M 00
Y 00
K 00

C 43
M 00
Y 05
K 00

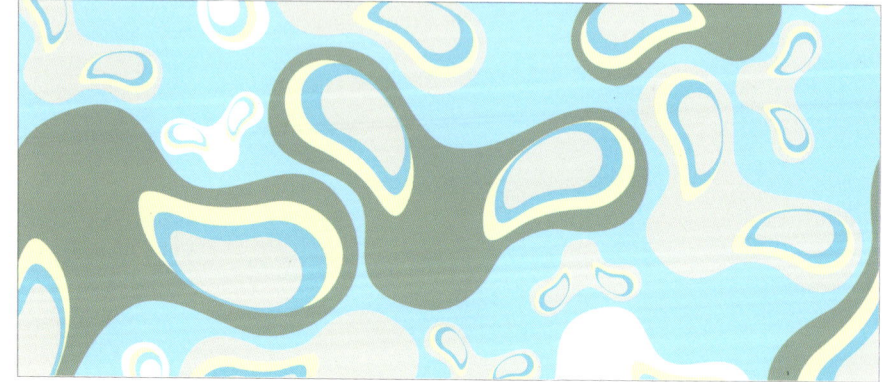

≪ Limpid ≪ Feeling ≪ Abstract & Geometry

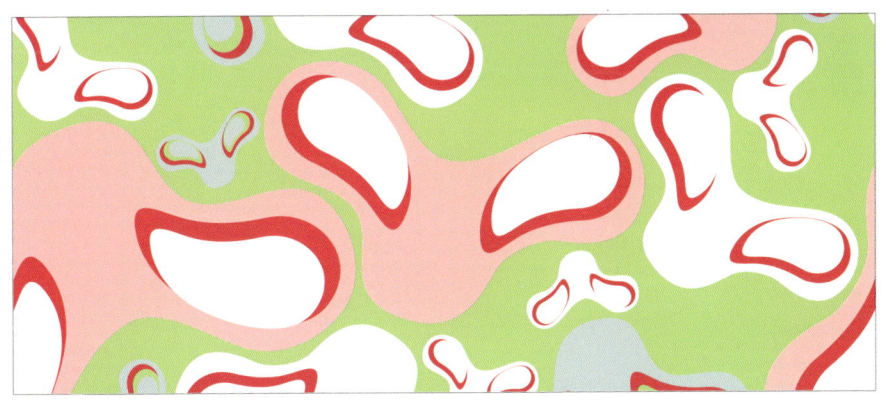

04 C	
87 M	
44 Y	
00 K	

01 C	
24 M	
12 Y	
00 K	

00 C	
00 M	
25 Y	
05 K	

20 C	
07 M	
10 Y	
00 K	

22 C	
00 M	
31 Y	
00 K	

26 C	
02 M	
60 Y	
00 K	

Abstract & Geometry >> Feeling >> Profound >>

C	45
M	97
Y	98
K	16

C	19
M	56
Y	48
K	00

C	34
M	31
Y	39
K	00

C	40
M	11
Y	24
K	00

C	20
M	15
Y	50
K	00

C	09
M	07
Y	23
K	00

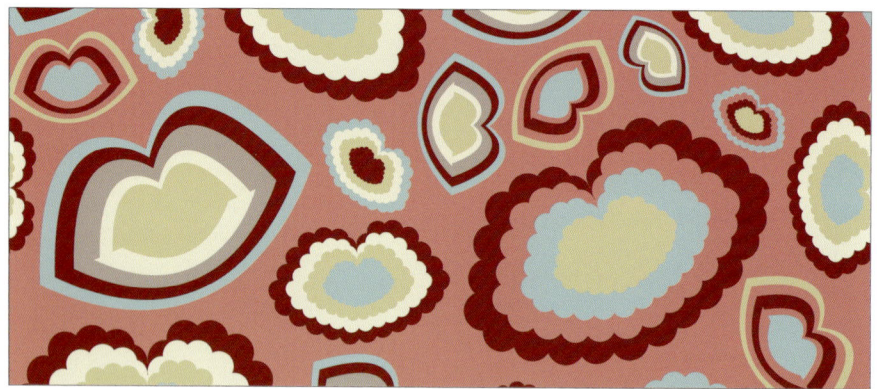

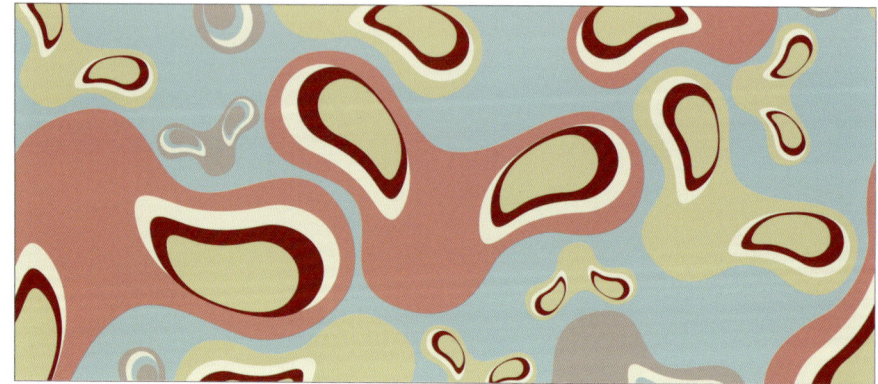

≪ Relaxed ≪ Feeling ≪ Abstract & Geometry

64	C
37	M
35	Y
18	K

61	C
25	M
20	Y
05	K

25	C
12	M
11	Y
11	K

19	C
19	M
22	Y
03	K

07	C
16	M
22	Y
00	K

07	C
07	M
13	Y
00	K

Abstract & Geometry >> Feeling >> Important >>

C 73
M 73
Y 98
K 54

C 36
M 66
Y 58
K 33

C 25
M 31
Y 42
K 09

C 14
M 18
Y 40
K 02

C 16
M 18
Y 21
K 02

C 59
M 28
Y 24
K 04

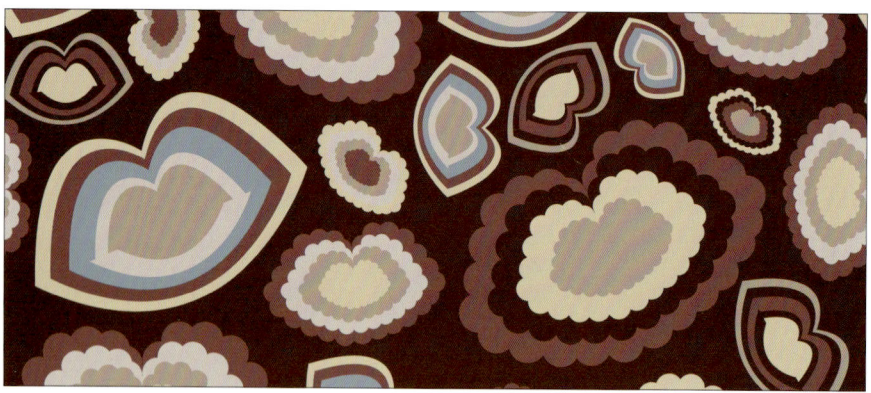

« Complex « Feeling « Abstract & Geometry

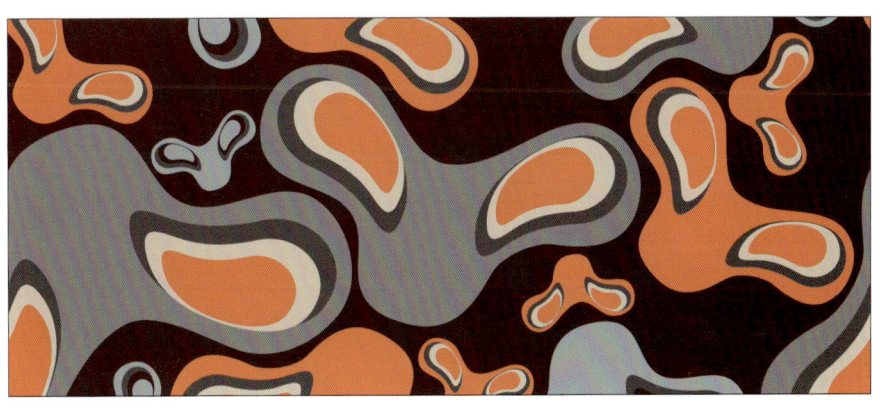

45 C	
69 M	
61 Y	
60 K	
56 C	
50 M	
47 Y	
42 K	
41 C	
35 M	
33 Y	
16 K	
38 C	
22 M	
24 Y	
07 K	
13 C	
18 M	
29 Y	
03 K	
07 C	
70 M	
76 Y	
01 K	

CUTTING-EDGE SURFACE PATTERNS+PALETTES
Copyright © Dopress Books

Published in Sendpoints Publishing Co., Limited
Address: Room 15A Block 9 Tsui Chuk Garden,Wong Tai Sin,
Kowloon,Hongkong
Tel: +852-35832323
Fax: +852-35832448
Email: info@sendpoint.com.cn
Website: www.sendpoint.com.cn

Distributed by Guangzhou Sendpoints Books Co., Ltd.
Sales Manager: Peng Yanghui (China), Limbo(International)
Guangzhou Tel: +86-20-89095121
Beijing Tel: +86-10-84139071
Shanghai Tel: +86-21-63523469

First published by Dopress Books
No. 85, Huanghe South Street,
110031 Shenyang, China
Tel: +86-24-88622666
Fax: +86-24-88680777
info@dopress.com
www.dopress.com

Text copyright © Dopress Books
Images copyright © Dopress Books
Design and layout copyright © Dopress Books

ISBN 978-988-17933-9-3

All rights reserved. No part of this publication may be reproduced,
stored in any retrieval system or transmitted, in any form or by any
means, electronic, mechanical, photocopying, recording or otherwise,
without prior permission in writing from the publisher. For information,
contact Sendpoints Publishing Co., Ltd.

Printed in China